Arenque
Sardina
Golfo de Vizcaya
Vuelos
FRANCIA
Erizo
Perro
Turismo
Toulouse
Mariposa
Montpellier

Santander
Turismo
Bilbao
Baracaldo
San Sebastián
Irún
Éibar
P
Caballo
Pamplona
Viajeros
Avispa
Golfo de León

Vitoria
Vacas
Madera
Bosques
Ebro
3355
Monte Perdido
Cinca
3371
Pico Posets
3404
Pico de Aneto
Ciervo
ANDORRA

Bosques
Miranda de Ebro
Vides
Burgos
2131
San Millán
Sierra de la Demanda
E. de Yesa
Aragón
2077
Sa. de Guara
E. de Mediano
E. de El Grado
Cabra
Montañismo
Turismo

Logroño
Ebro
2228
Sierra de Urbión
2142
Vides
Huesca
Agricultura
Berenjena
Agricultura
Aceite
Aceite
Golfo de Rosas
Corderos
Soria
Agricultura
Zaragoza
Gallina
Lérida/Lleida
Gallina
Manresa
Gerona/Girona
Costa Brava

Cerámica
Pimientos
Cerdo
Vides
Tarrasa
Vides
Sabadell
Ter
Cabo de Begur

Zorro
Oveja
Vides
Ebro
Segre
Vides
Mataró
Badalona
Barcelona
Hospitalet
Tarragona

Guadalajara
Alcalá de Henáres
Conejo
Cerdo
Teruel
Turismo
Aceite
Villanueva y Geltrú
Langostino
Cruceros

Getafe
Bosques
1182
L'Espina
Golfo de San Jorge
Cabo de Tortosa
Turismo
MAR MEDITERRÁNEO

Aranjuez
Vides
Turismo
Cuenca
2020
Javalambre
Palmeras
Vides
Pez globo
Cruceros

Oveja
Oveja
Palmeras
Castellón de la Plana
Islas Columbretes
Cabo de Formentor
Menorca
Cabo de Caballería

Lince
Tomelloso
Vides
Naranjas
Sagunto
Golfo de Valencia
Caballito de mar
1445
Puig Major
Palma de Mallorca
Turismo

Agricultura
Limones
Vides
Júcar
Valencia
Gamba
Mallorca
Palmeras
Cabo de ses Salines

Vides
Gallo
Albacete
1126
Caroche
Alcira
Alcira
Ibiza
Punta Galera
Cabrera
Turismo

Cerdo
Avellanas
Naranjas
Gandía
Formentera
Turismo

Montañismo
Tomates
Alcoy
Cabo de la Nao
Cabo de Berbería
ISLAS BALEARES

Pimientos
Berenjena
Vides
Naranjas
Fruta
Alicante
Elche
Costa Blanca
Turismo

Escorpión
Lorca
Berenjena
Murcia
Orihuela
Gamba
Turismo
Cruceros
Pez globo

Cerámica
Tomates
Fruta
Limones
Cartagena
Mar Menor
Cabo de Palos
Golfo de Mazarrón
Langostino

Almería
Golfo de Almería
Cabo de Gata
Pesca
Turismo

Tiburón

OCÉANO ATLÁNTICO
Turismo
ISLAS CANARIAS
Lanzarote
Plátano
Vides
Arrecife

Piña
La Palma
Tenerife
Naranjas
Santa Cruz de la Palma
Santa Cruz de Tenerife
Gallina
Fuerteventura
Puerto del Rosario

La Gomera
3718
Pico del Teide
Las Palmas de Gran Canaria
Gran Canaria
MARRUECOS

El Hierro
Aguacate
Papaya
Turismo
Pesca
SÁHARA OCCIDENTAL
Palmeras

Coordinación: Ana Doblado

Diseño de cubierta: José Delicado

Artes finales: Fernando San Martín

Ilustraciones: John Francis, Martin Camm,
  Jim Channell, Dick Twinney, Francisco Arredondo,
  José María Rueda, Fernando Fernández, Juan Xarrié,
  Carlos Molinos y Pablo Jurado

Revisión de textos y mapas: Natalia Hernández

Dedicado a Vivi
con mucho cariño
de su tío español
para que, conociendo
mejor mi país,
ame la tierra
en donde nació
la dulce lengua
castellana.

Septiembre de 2007

ATLAS
de ESPAÑA

susaeta

con Animales

Índice

26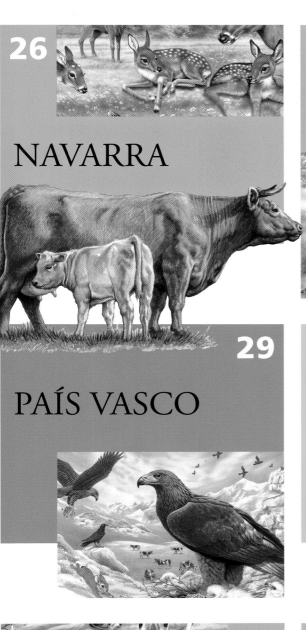

NAVARRA

27 LA RIOJA

28 CANTABRIA

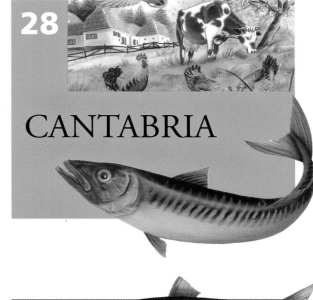

29 PAÍS VASCO

30 CASTILLA Y LEÓN

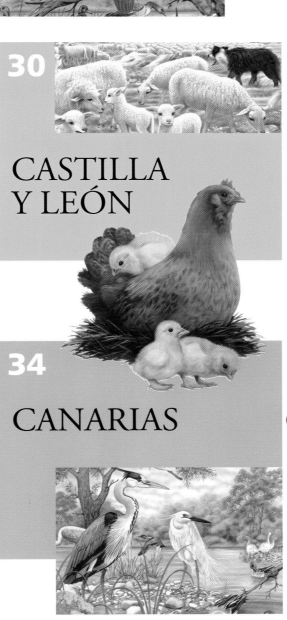

32 ASTURIAS

33 GALICIA

34 CANARIAS

Ceuta / Melilla **35**

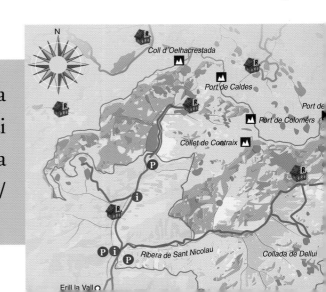

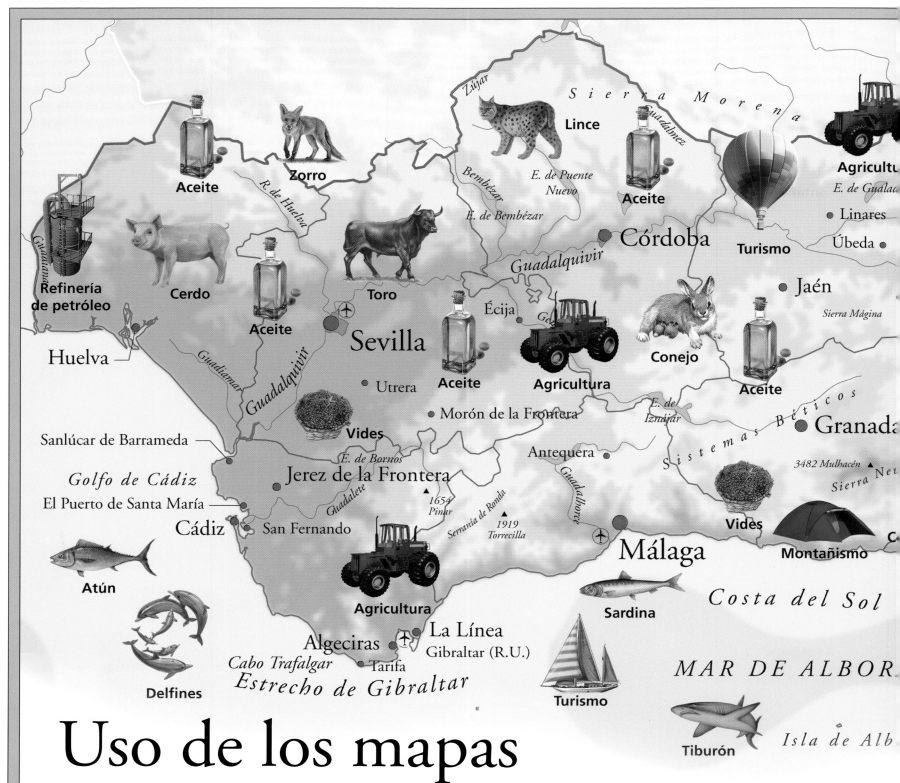

Zújar

S i e r r a   M o r e n a

Lince

Lince

Bembézar

E. de Puente Nuevo

Guadalmez

Aceite

Agricultu

E. de Guada

Linares

Úbeda

Zorro

R. de Huelva

Aceite

E. de Bembézar

Córdoba

Turismo

Jaén

Refinería de petróleo

Cerdo

Guadiana

Guadalquivir

Guadalquivir

Toro

Aceite

Guadiamar

Écija

Ge

Sevilla

Utrera

Aceite

Agricultura

Conejo

Aceite

Sierra Mágina

Huelva

Morón de la Frontera

E. de Iznájar

S i s t e m a s   B é t i c o s

Granada

Sanlúcar de Barrameda

Vides

Antequera

3482 Mulhacén ▲

Sierra Ne

Golfo de Cádiz

E. de Bornos

Jerez de la Frontera

Guadalhorce

El Puerto de Santa María

Guadalete

▲ *1654 Pinar*

Vides

Cádiz

San Fernando

Serranía de Ronda

1919 Torrecilla

Málaga

Montañismo

Costa del Sol

Atún

Agricultura

Sardina

MAR DE ALBOR

La Línea

Algeciras

Gibraltar (R.U.)

Cabo Trafalgar

Tarifa

Turismo

Delfines

Estrecho de Gibraltar

Tiburón

Isla de Alb

Uso de los mapas

A través de los mapas de *Atlas de España con Animales* descubrirás cuál es la fauna característica de cada zona, qué animales viven en las diferentes comunidades autónomas y en qué hábitat se mueven (bosques, valles, mares…).

Cada comunidad autónoma se presenta por medio de un mapa físico-político, en el que aparecen resaltados los límites provinciales, y de un texto introductorio. De esta forma, podrás identificar las ciudades más importantes que componen dicha comunidad y su bandera. Las zonas limítrofes, pertenecientes a otras comunidades autónomas, se distinguen por su color blanco. Conocerás dónde habitan los animales más característicos, así como los cultivos y los recursos económicos que sustentan a la población en cada rincón de España.

Las últimas páginas del libro presentan un recorrido por los trece Parques Nacionales españoles. Su fauna y su flora, tan rica y variada, son motivo de orgullo para todos.

Para descifrar el significado de los símbolos que aparecen en los mapas de este atlas, así como los diferentes tipos de rotulación, te ofrecemos las siguientes indicaciones:

Montañismo

Escorpión

Berenjena

Tomates

Fruta

Almería

Cabo de Gata

Líneas

	frontera entre países
	límite entre las comunidades autónomas dentro del Estado español
	río
	zona pantanosa, humedales
	lago

Paisajes

	zona montañosa (a mayor intensidad de color, mayor altitud)
	vegetación (la intensidad del color indica bosques)
	mar u océano (más claro el color en las zonas menos profundas)

Rótulos

PORTUGAL	país
CEUTA ESPAÑA	territorio dependiente y país al que pertenece
■ MADRID	capital del país
● Murcia	ciudad importante
▲ Mulhacén	montaña de gran altitud
OCÉANO ATLÁNTICO	océano
MAR DE ALBORÁN	mar
Isla de Ibiza	isla
Segura, E. de Bornos	río, embalse

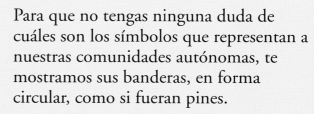

Banderas autonómicas

Para que no tengas ninguna duda de cuáles son los símbolos que representan a nuestras comunidades autónomas, te mostramos sus banderas, en forma circular, como si fueran pines.

Datos y curiosidades

Para ampliar la información, te ofrecemos en pequeños cuadros algunos datos y curiosidades de las autonomías: las ciudades más importantes, los ríos, la superficie, la población, etc.

DATOS Y CURIOSIDADES

Grandes ciudades
Sevilla, Málaga, Córdoba, Granada, Huelva, Cádiz, Jaén, Almería

Río más largo
Guadalquivir: 657 km

Montaña más alta
Mulhacén: 3.482 m

Superficie
Total: 87.268 km²
Relativa: 17,2% de España

Población
Total: 7.849.799 hab
Relativa: 17,8% de España

Ahora que ya conoces las herramientas necesarias para utilizar el atlas, es el momento de emprender el fascinante viaje por España que te propone. Disfruta del itinerario y aprende nuevos datos sobre tu tierra y tus amigos los animales.

Dibujos rotulados

Los pequeños dibujos que aparecen en los mapas son una importante fuente de información, ya que representan las diversas especies de animales que podemos encontrar en cada región y nos ofrecen la posibilidad de conocer los recursos de que disponen los seres humanos para vivir en esos mismos lugares: pesca, fruta, ganado, madera, gas, petróleo, minerales…

Uvas

Sardina

Gallina

Cerdo

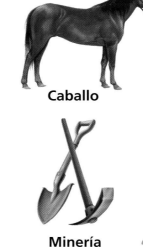
Caballo

Minería

Caballa

Conejo

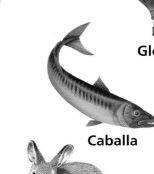
Globo

Gamba

Naranjas

Trasatlántico

GALICIA

ASTURIAS

CANTABRIA

PAÍS VASCO

NAVARRA

LA RIOJA

CASTILLA Y LEÓN

ARAGO

MADRID

EXTREMADURA

CASTILLA-LA MANCHA

C. V

MURCIA

ANDALUCÍA

Ceuta

Me

CATALUÑA

BALEARES

CIANA

CANARIAS

ESPAÑA
un país de
COMUNIDADES

La gran diversidad de animales, plantas, climas, paisajes y lenguas que existen en España hacen de nuestro país un territorio de una enorme riqueza natural y cultural. Esta variedad de paisajes (valles, ríos, zonas desérticas, bosques, playas, montañas...) y especies de animales dentro de nuestras fronteras convierte a España en un país de contrastes.

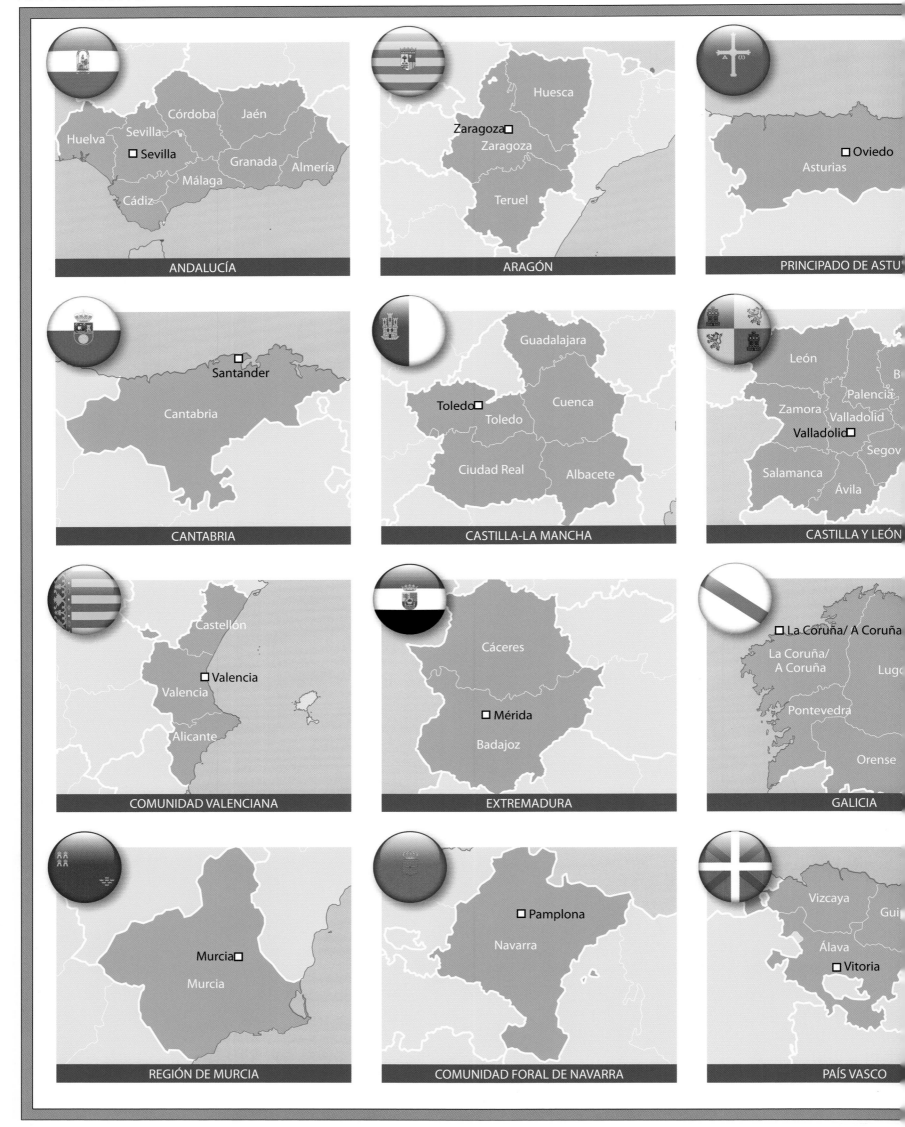

ANDALUCÍA

ARAGÓN

PRINCIPADO DE ASTU

CANTABRIA

CASTILLA-LA MANCHA

CASTILLA Y LEÓN

COMUNIDAD VALENCIANA

EXTREMADURA

GALICIA

REGIÓN DE MURCIA

COMUNIDAD FORAL DE NAVARRA

PAÍS VASCO

ISLAS BALEARES

CATALUÑA

COMUNIDAD DE MADRID

LA RIOJA

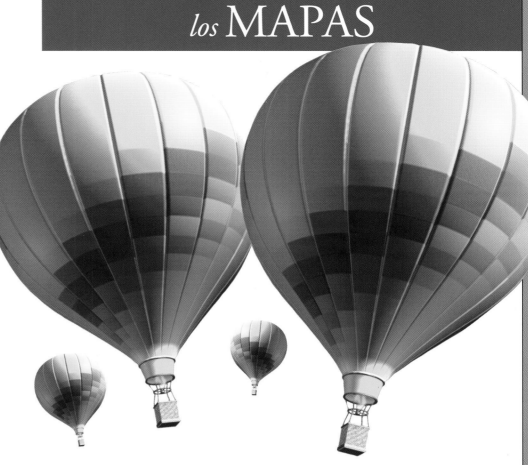

los MAPAS

17 COMUNIDADES
y 2 ciudades autónomas

España tiene 17 comunidades (Andalucía, Aragón, Principado de Asturias, Islas Baleares, Canarias, Cantabria, Castilla-La Mancha, Castilla y León, Cataluña, Comunidad Valenciana, Extremadura, Galicia, Comunidad de Madrid, Región de Murcia, Comunidad Foral de Navarra, País Vasco y La Rioja) y 2 ciudades autónomas, que son Ceuta y Melilla.

CANARIAS

Ceuta

Melilla

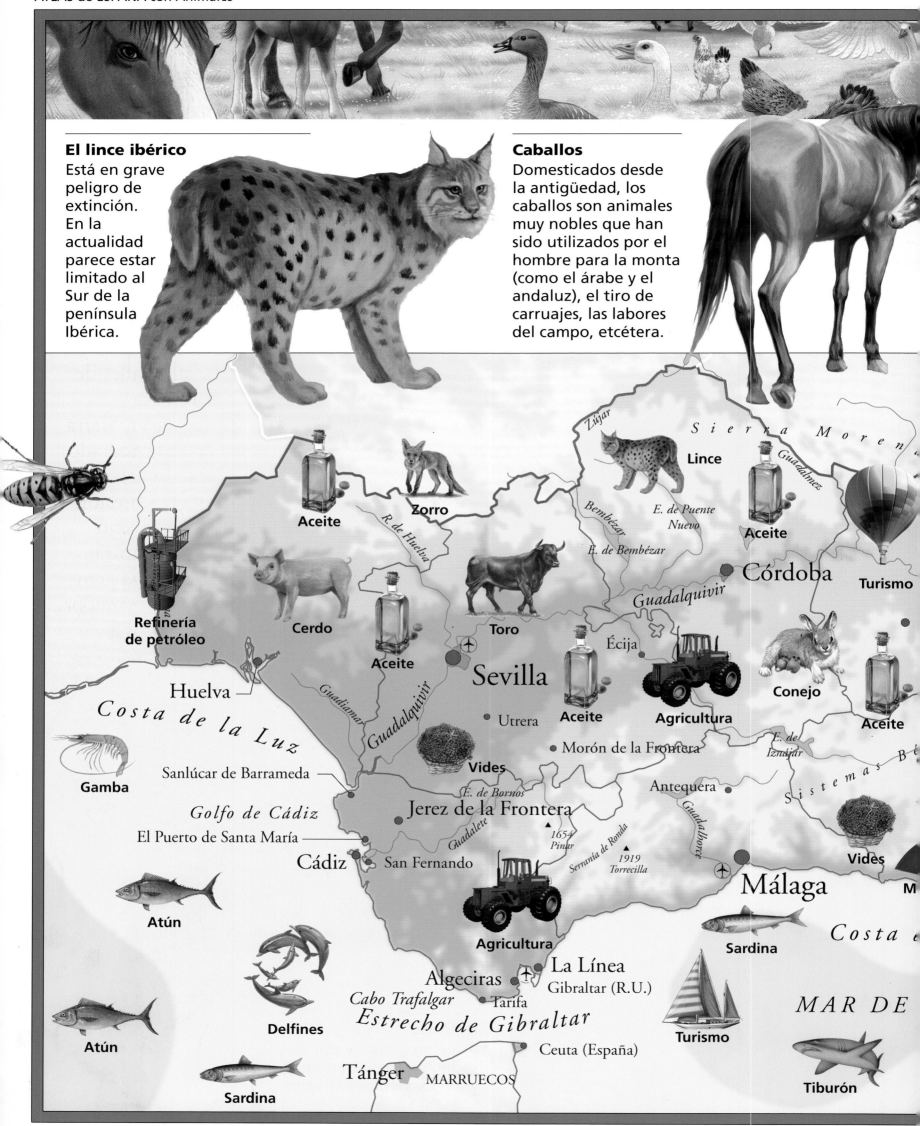

El lince ibérico

Está en grave peligro de extinción. En la actualidad parece estar limitado al Sur de la península Ibérica.

Caballos

Domesticados desde la antigüedad, los caballos son animales muy nobles que han sido utilizados por el hombre para la monta (como el árabe y el andaluz), el tiro de carruajes, las labores del campo, etcétera.

Aceite

Zorro

Zújar

Sierra Morena

Lince

Guadalmez

Bembézar

E. de Puente Nuevo

H. de Bembézar

Aceite

Córdoba

Turismo

R. de Huelva

Refinería de petróleo

Cerdo

Aceite

Toro

Guadalquivir

Écija

Agricultura

Conejo

Aceite

Huelva

Costa de la Luz

Guadiamar

Guadalquivir

Sevilla

Aceite

Utrera

Morón de la Frontera

E. de Iznájar

Sistemas B...

Gamba

Sanlúcar de Barrameda

Vides

Golfo de Cádiz

El Puerto de Santa María

Jerez de la Frontera

E. de Bornos

Guadalete

Antequera

Guadalhorce

Vides

Cádiz

San Fernando

1654 Pinar

Serranía de Ronda

1919 Torrecilla

Málaga

Atún

Agricultura

Sardina

Costa ...

Delfines

Algeciras

La Línea

Gibraltar (R.U.)

Cabo Trafalgar

Tarifa

Turismo

MAR DE

Atún

Estrecho de Gibraltar

Ceuta (España)

Sardina

Tánger

MARRUECOS

Tiburón

El toro de lidia

Se cría unicamente para participar en festivales taurinos. De grandes cuernos y enorme fuerza, sus 600 o 700 kg de peso no le impiden tener una gran agilidad.

ANDALUCÍA

Andalucía es una de las regiones con mayor riqueza natural de Europa. Situada al Sur de la península Ibérica, entre el océano Atlántico y el mar Mediterráneo, posee tres variedades de paisaje: de montaña, como la cordillera Penibética, en la que destacan Sierra Nevada y el Mulhacén (considerado el pico más alto de Andalucía); de llanuras y valles, como la depresión del Guadalquivir, y de costa, con playas de una gran belleza natural. El clima mediterráneo que goza gran parte de su territorio se caracteriza por tener veranos largos y calurosos e inviernos cortos y fríos. En cuanto a la fauna, cabría destacar la presencia de jabalíes, muflones, aves rapaces y migratorias, gamos y linces.

DATOS Y CURIOSIDADES

Grandes ciudades
Sevilla, Málaga, Córdoba, Granada, Huelva, Cádiz, Jaén, Almería

Río más largo
Guadalquivir: 657 km

Montaña más alta
Mulhacén: 3.482 m

Superficie
Total: 87.268 km²
Relativa: 17,2% de España

Población
Total: 7.849.799 hab.
Relativa: 17,8% de España

Todos los datos de estos recuadros están referidos al 1 de enero de 2005 (Instituto Nacional de Estadística).

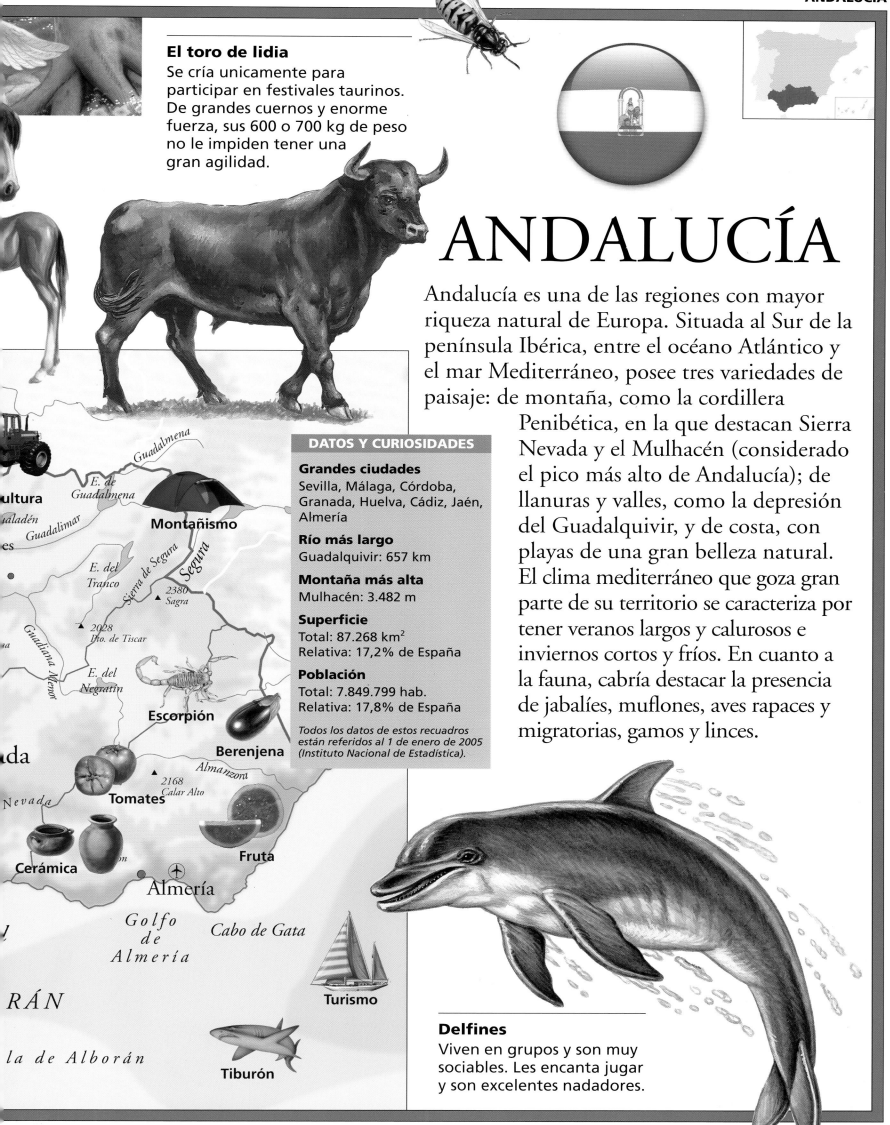

Guadalmena
Guadalmena
E. de
Guadalmena
Montañismo
ultura
aladén
Guadalimar
es
Sierra de Segura
Segura
E. del
Tranco
▲ 2380
Sagra
▲ 2028
Pto. de Tiscar
Guadiana Menor
E. del
Negratín
Escorpión
Berenjena
Almanzora
ida
▲ 2168
Calar Alto
Nevada
Tomates
Cerámica
Fruta
✈
Almería
Golfo de Almería
Cabo de Gata
Turismo
RÁN
Tiburón
la de Alborán

Delfines
Viven en grupos y son muy sociables. Les encanta jugar y son excelentes nadadores.

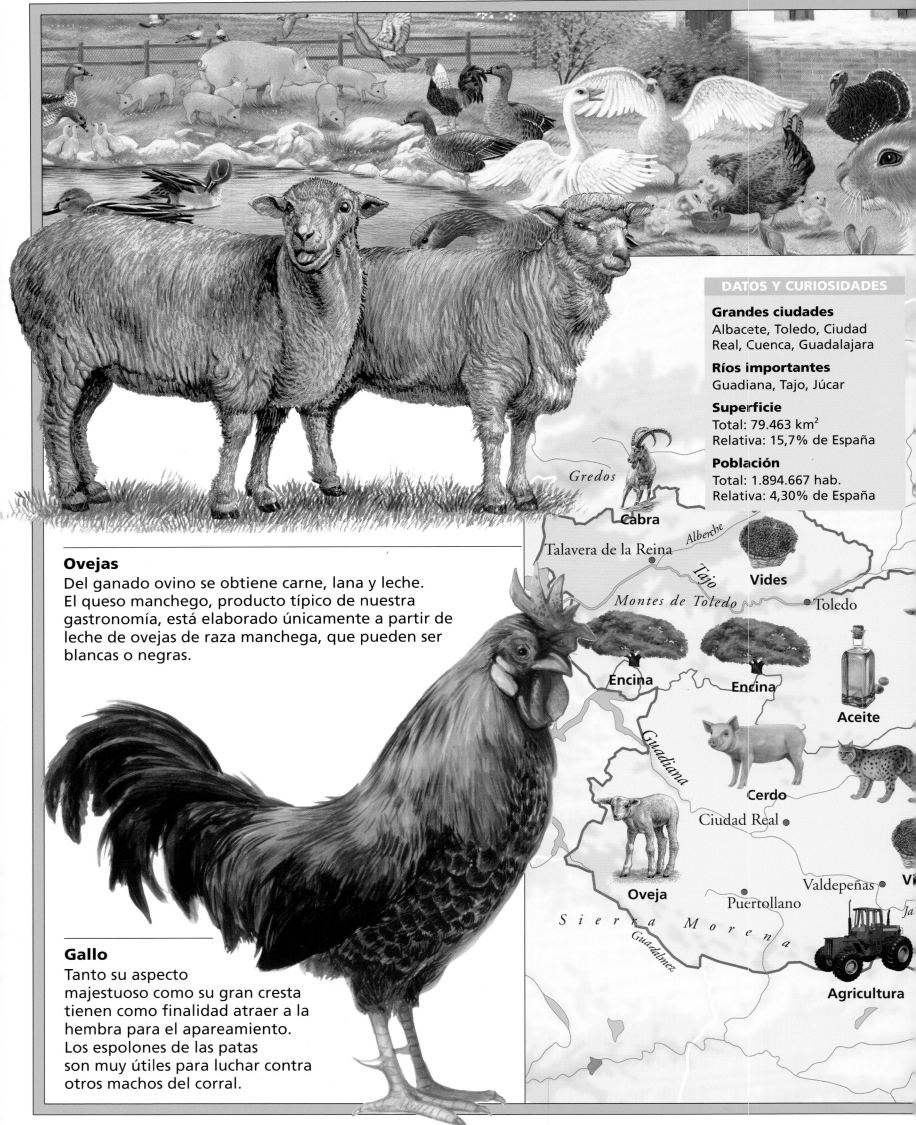

DATOS Y CURIOSIDADES

Grandes ciudades
Albacete, Toledo, Ciudad
Real, Cuenca, Guadalajara

Ríos importantes
Guadiana, Tajo, Júcar

Superficie
Total: 79.463 km^2
Relativa: 15,7% de España

Población
Total: 1.894.667 hab.
Relativa: 4,30% de España

Ovejas

Del ganado ovino se obtiene carne, lana y leche.
El queso manchego, producto típico de nuestra
gastronomía, está elaborado únicamente a partir de
leche de ovejas de raza manchega, que pueden ser
blancas o negras.

Gallo

Tanto su aspecto
majestuoso como su gran cresta
tienen como finalidad atraer a la
hembra para el apareamiento.
Los espolones de las patas
son muy útiles para luchar contra
otros machos del corral.

16

Gallina y pollitos
Estas aves de corral se crían por su carne y sus huevos. Además, sus excrementos se pueden usar para abonar las plantas. Las gallinas de cría intensiva son capaces de poner 300 huevos al año.

Zorro

Tajuña

Tajo

Guadalajara
E. de Entrepeñas

Guadiela

E. de Buendía

Júcar

Cabriel

Bosques

Vides

Cuenca

Záncara

Turismo

Oveja

E. de Alarcón

E. de Contreras

Cabriel

Vides

omelloso

Agricultura

Júcar

Albacete

Gallo

Guadalmena

Cerdo

Avellanas

Montañismo

Tomates

Limones

Segura

CASTILLA-LA MANCHA

La naturaleza ha obsequiado a esta comunidad castellano-manchega con zonas de gran belleza, convertidas en la actualidad en espacios protegidos para su preservación.

Se distinguen dos tipos de paisaje: una gran llanura con poco relieve, donde destacan los Montes de Toledo, y la montaña, con sierras importantes, como Gredos. También hay frondosos bosques que dan cobijo a especies animales muy variadas, algunas de ellas en grave peligro de extinción, como el lince y el lobo ibérico. Posee un clima con temperaturas extremas y precipitaciones poco abundantes.

Pero si hay algo característico del paisaje manchego son los molinos de viento, inmortalizados por Cervantes en la novela *Don Quijote de la Mancha*.

Víbora
Esta serpiente de cabeza triangular y aplastada se camufla con facilidad entre las piedras y las hojas.
Es muy venenosa, pero solo ataca al hombre cuando se encuentra acorralada.

17

EXTREMADURA

El paisaje extremeño tiene un protagonista principal: el agua. Extremadura, horadada por dos grandes ríos, el Tajo y el Guadiana, alberga también una completa red de pantanos y embalses. En esta tierra de veranos calurosos y secos, e inviernos suaves, se elaboran buenos vinos, y en sus encinares se crían los cerdos que nos darán un riquísimo jamón de bellota.

El cerdo
Procede del jabalí. Es un animal muy resistente, come de todo y se reproduce con rapidez. Además, todas las partes de su cuerpo son aprovechables.

Conejos
Los conejos forman pequeños grupos familiares y viven en madrigueras.

DATOS Y CURIOSIDADES

Grandes ciudades
Badajoz, Cáceres, Mérida

Ríos importantes
Tajo, Guadiana

Superficie
Total: 41.634 km²
Relativa: 8,20% de España

Población
Total: 1.083.879 hab.
Relativa: 2,46% de España

1732
Peña de Francia

Sierra de Gata

1492

E. de Gabriel y Galán

Erges

E. de Valdeobispo

Vides

Plasencia

Vides

E. de Alcántara

Tajo

Tajo

Encina

Conejo

Encina

Cáceres

E. de Valdecañas

Encina

Cerdo

Encina

Vides

Lince

Cerdo

Vides

Vides

Embalse de Cijara

Toro

Mérida

Badajoz

Conejo

Don Benito

Guadiana

Embalse del Zújar

Vides

Aceite

Vides

Aceite

Cerdo

Agricultura

Zújar

Encina

Aceite

Zorro

Grandes ciudades
Madrid, Alcalá de Henares, Aranjuez, Leganés, Getafe

Ríos importantes
Manzanares, Jarama, Alberche

Superficie
Total: 8.028 km²
Relativa: 1,60% de España

Población
Total: 5.964.143 hab.
Relativa: 13,52% de España

La rana
Es totalmente invisible entre el follaje, pues tiene la propiedad de cambiar rápidamente de color pasando del verde al gris e incluso al pardo. Se alimenta de arañas y pequeños insectos.

MADRID

La Comunidad de Madrid consta de 179 municipios y ocupa un lugar central en la península Ibérica. La zona Norte y Oeste, fundamentalmente ganadera, presenta frondosos bosques de alta montaña en las sierras de Guadarrama y Somosierra. La actividad agraria se lleva a cabo en el Sur, en las llanuras y verdes vegas cercanas a las cuencas del Tajo y sus afluentes: Manzanares, Jarama y Alberche. Madrid capital y las ciudades más cercanas que la rodean —llamadas *ciudades dormitorio*— forman un enorme complejo urbano donde vive el 80% de la población madrileña.

Las ardillas
Estos pequeños y ágiles mamíferos viven fundamentalmente en árboles localizados en zonas de baja montaña. Se alimentan de todo tipo de semillas, pero también de nueces, avellanas, brotes u hongos.

Palmeras

Vides

Cruceros

Palmeras

Castellón de la Plana

Vides

Oveja

E. de Contreras

E. de Loriguilla

Limones

Naranjas

Sagunto

Pez globo

Islas Columbretes

Golfo de Valencia

Cabriel

Gallina

Turia

Vides

Valencia

Caballito de mar

Júcar

Naranjas

Alcira

Gamba

Vides

Gandía

Avellanas

Alcoy

Naranjas

Fruta

Cabo de la Nao

Elda

Naranjas

Palmeras

Alicante

Elche

Orihuela

Costa Blanca

Palmeras

Gamba

Turismo

DATOS Y CURIOSIDADES

Grandes ciudades
Valencia, Alicante, Castellón de la Plana, Elche, Alcoy

Ríos importantes
Júcar, Turia

Superficie
Total: 23.255 km^2
Relativa: 4,60% de España

Población
Total: 4.692.449 hab.
Relativa: 10,64% de España

Gamba
Su cuerpo, alargado y de color rosa pálido, termina en una cola en forma de abanico que le permite moverse hacia atrás con rapidez en los fondos arenosos donde vive.

COMUNIDAD VALENCIANA

Situada al este de la península Ibérica, esta comunidad combina una zona interior montañosa, pues forma parte del Sistema Ibérico y de la cordillera Subbética, y una llanura litoral formada por un atractivo y turístico conjunto de islas, cabos, lagunas y extensas playas. El clima templado de la región propicia el cultivo de frutas y hortalizas. De ahí que la Comunidad Valenciana sea internacionalmente conocida por la calidad de sus cítricos y por sus arrozales.

MURCIA

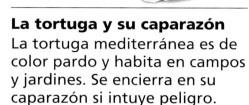

Esta comunidad uniprovincial se caracteriza por poseer un relieve poco pronunciado en el interior y un litoral de playas arenosas en el que destaca el Mar Menor, laguna poco profunda y muy salina. Presenta un clima mediterráneo, pero con pocas lluvias y veranos largos y calurosos. Por este motivo, gran parte de los cultivos de hortalizas y frutas tienen lugar en invernaderos. Murcia es la huerta de España y de Europa.

La tortuga y su caparazón

La tortuga mediterránea es de color pardo y habita en campos y jardines. Se encierra en su caparazón si intuye peligro.

DATOS Y CURIOSIDADES

Grandes ciudades
Murcia, Cartagena

Ríos importantes
Segura

Superficie
Total: 11.313 km²
Relativa: 2,20% de España

Población
Total: 1.335.792 hab.
Relativa: 3,03% de España

Turismo

Avellanas

Vides

Gallina

Conejo

Vides

Segura

Agricultura

Cabra

Tomates

2001
Revolcadores ▲

Vides

Tortuga

Berenjena

Vides

Berenjena

Murcia

Vides

Pimientos

Tomates

Palmeras

Gamba

Cerámica

Lorca

Guadalentín

Limones

Mar Menor

Limones

Cartagena

Fruta

Tomates

Naranjas

*Golfo
de
Mazarrón*

Cabo de Palos

Langostino

Pesca

Langostino

Este crustáceo que puede llegar a medir hasta 20 cm de longitud vive cerca de la costa y es muy apreciado desde el punto de vista culinario.

ISLAS BALEARES

Consideradas «el paraíso del Mediterráneo», están situadas frente a las costas de Valencia y Cataluña, y forman un archipiélago, es decir, un conjunto de islas e islotes. Las islas más cercanas a la Península son Ibiza, a solo 85 km, y Formentera, y la más lejana, Menorca. En el centro del archipiélago se encuentran Mallorca y Cabrera. Esta última forma a su vez un archipiélago que fue declarado en 1991 Parque Nacional Marítimo Terrestre. Las Baleares gozan de un clima que propicia la afluencia masiva de turistas durante prácticamente todas las estaciones del año.

Caballito de mar
También llamado hipocampo, este singular pez es capaz de nadar erguido. Su cola prensil le permite enroscarse alrededor de plantas o rocas submarinas. Se alimenta principalmente de crustáceos minúsculos.

Cruceros

MAR MEDITERRÁNEO

Cabo de Formentor

Cerámica

Menorca

1445 Puig Major

Palma de Mallorca   Sapo

Turismo

Mallorca

Palmeras

Turismo

Caballito de mar

Cabo de ses Salines

Ibiza

Oveja

Turismo

Cabrera

ISLAS BALEARES

Formentera

Cabo de Berberia

Los murciélagos
Estos mamíferos se orientan gracias a que poseen un sistema de radar natural. Se alimentan fundamentalmente de insectos, frutas y flores, aunque algunas especies ingieren peces o la sangre de sus víctimas.

Cruceros

DATOS Y CURIOSIDADES
Grandes ciudades
Palma de Mallorca
Superficie
Total: 4.992 km²
Relativa: 1,00% de España
Población
Total: 983.131 hab.
Relativa: 2,23% de España

Pez globo

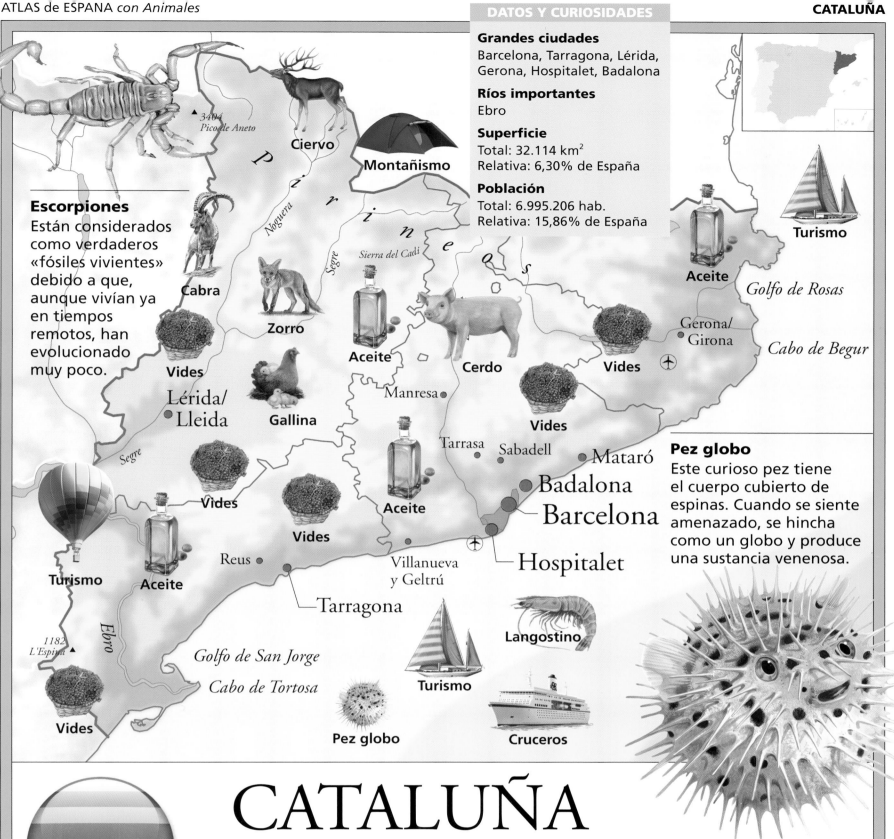

DATOS Y CURIOSIDADES

Grandes ciudades
Barcelona, Tarragona, Lérida, Gerona, Hospitalet, Badalona

Ríos importantes
Ebro

Superficie
Total: 32.114 km²
Relativa: 6,30% de España

Población
Total: 6.995.206 hab.
Relativa: 15,86% de España

Escorpiones
Están considerados como verdaderos «fósiles vivientes» debido a que, aunque vivían ya en tiempos remotos, han evolucionado muy poco.

Pez globo
Este curioso pez tiene el cuerpo cubierto de espinas. Cuando se siente amenazado, se hincha como un globo y produce una sustancia venenosa.

Ciervo
Montañismo
3404 Pico de Aneto
Cabra
Zorro
Aceite
Cerdo
Vides
Turismo
Aceite
Golfo de Rosas
Gerona/Girona
Cabo de Begur
Sierra del Cadí
Vides
Lérida/Lleida
Gallina
Manresa
Vides
Vides
Tarrasa
Sabadell
Mataró
Badalona
Barcelona
Aceite
Vides
Reus
Villanueva y Geltrú
Hospitalet
Turismo
Aceite
Tarragona
1182 L'Espina
Golfo de San Jorge
Cabo de Tortosa
Pez globo
Turismo
Langostino
Cruceros
Vides
Segre
Noguera
Segre
Ebro

CATALUÑA

En esta comunidad se distinguen tres zonas: al norte, los Pirineos, que son la frontera natural con Francia; en la costa, la región mediterránea, con sus playas, calas y acantilados, y entre ambos dominios, encontramos una zona de fértiles valles surcada por los cauces de los ríos que nacen en los Pirineos y confluyen en el río Ebro, el más caudaloso de España. Cataluña posee, por tanto, una vegetación y un clima muy diversificados. La industria se concentra alrededor de Barcelona. En las cuatro provincias catalanas se habla castellano y catalán.

La berrea de los ciervos

Los ciervos viven en los bosques. Con la llegada del otoño, comienza el período de apareamiento. Es entonces cuando los machos emiten unos berridos muy fuertes y luchan entre sí con sus cuernos para atraer a las hembras.

Águila imperial ibérica

Ligeramente más pequeña que el águila real, vive en zonas llanas y construye sus nidos en las copas de árboles altos y aislados. Caza animales menores, a los que ataca casi siempre en el suelo.

Caballo

Pimientos

Tomates

Zorro

Oveja

Gallo

Madera

Conejo

Bosques

Cerdo

Teruel

2020 Javalambre

Bosques

Oveja

Las grandes alas del buitre
Gracias a sus enormes alas, el buitre puede volar durante horas a gran altura aprovechando las corrientes de aire caliente en busca de comida. Caza de día y se alimenta de carroña.

Bosques

Pirineos

3355
Monte Perdido

Montañismo

Ciervo

3404
Pico de Aneto

Cerdo

2077
Sa. de Guara

E. de Mediano

E. de El Grado

Huesca

Cabra

Berenjena

Gallina

Agricultura

Cinca

Tomates

Gallina

Turismo

Pimientos

Ebro

Berenjena

Guadalope

Vides

Palmeras

Naranjas

Turismo

ARAGÓN

Esta comunidad autónoma posee una gran riqueza paisajística, debido a la variedad del terreno y a la diversidad climática. En la zona norte encontramos los únicos glaciares –lugares donde se acumula nieve todo el año– que quedan en España, y también destaca el pico Aneto, que es el más alto de los Pirineos; la zona central corresponde al valle del Ebro, y en la zona sur resaltan las sierras de la cordillera Ibérica. El clima, frío, húmedo y ventoso en el norte, es muy seco en las zonas central y sur. Tanta diversidad provoca que Aragón tenga muchos espacios naturales protegidos, entre ellos destaca el Parque Nacional de Ordesa y Monte Perdido.

DATOS Y CURIOSIDADES
Grandes ciudades
Zaragoza, Huesca, Teruel

Ríos importantes
Ebro

Superficie
Total: 47.719 km²
Relativa: 9,40% de España

Población
Total: 1.269.027 hab.
Relativa: 2,88% de España

El jabalí
Este mamífero, semejante al cerdo doméstico, tiene un gran olfato y oído, de los que se sirve para localizar comida bajo tierra durante la noche. Su pelaje, por lo general, es de color pardo negruzco, aunque es posible encontrar jabalíes en tonos rojizos o amarillentos. Vive en zonas boscosas y solitarias.

El pájaro carpintero
Con su fuerte pico, golpea en el tronco del árbol hasta hacer un agujero en el que depositar los huevos. Se alimenta de insectos y bellotas.

NAVARRA

Frente a la Navarra de montaña, situada en el Pirineo occidental, donde los inviernos son largos y fríos, la zona sur de la comunidad disfruta de un clima suave y seco que permite el desarrollo de una agricultura de secano (cereales, vid y olivo) altamente tecnificada. Los extensos bosques navarros, con especies como el abeto, el pino, el haya y el roble, ofrecen a los habitantes de esta región un recurso natural muy apreciado, la madera, con la que fabrican muebles, papel y corcho.

El goloso tejón
Sus fuertes patas le sirven para excavar madrigueras donde refugiarse. Se alimenta de frutos, raíces, lombrices e insectos, pero también adora la miel, que consigue atacando las colmenas.

Vacas

Caballo

Gallina

Pamplona

Bosques

Madera

Madera

Vides

Erizo

Bosques

E. de Yesa

Cerdo

Vides

Las Bardenas

Vides

Agricultura

Bidasoa

Ebro

Arga

Aragón

Ebro

Pirineos

DATOS Y CURIOSIDADES

Grandes ciudades
Pamplona

Ríos importantes
Ebro, Bidasoa

Superficie
Total: 10.391 km²
Relativa: 2,10% de España

Población
Total: 593.472 hab.
Relativa: 1,35% de España

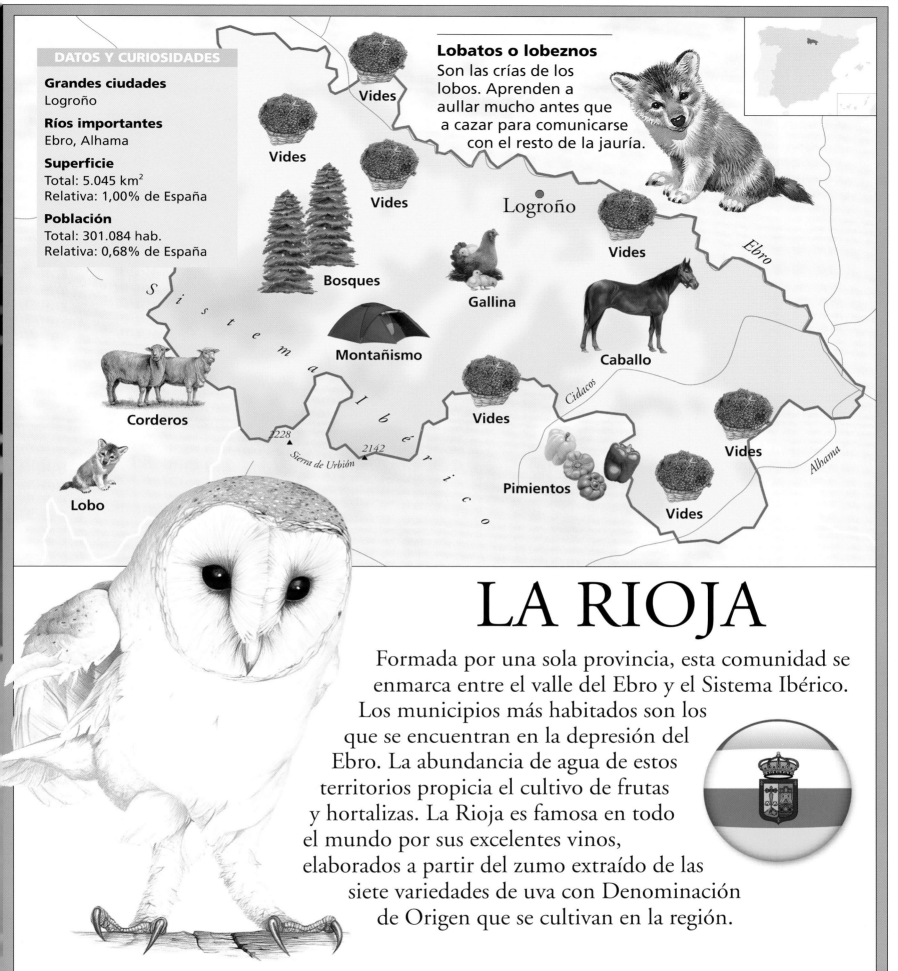

Lobatos o lobeznos
Son las crías de los lobos. Aprenden a aullar mucho antes que a cazar para comunicarse con el resto de la jauría.

Vides · Vides · Vides · Vides · Bosques · Gallina · Montañismo · Caballo · Corderos · Vides · Vides · Vides · Vides · Pimientos · Lobo

2228 Sierra de Urbión · 2142

Logroño · Ebro · Cidacos · Alhama

LA RIOJA

Formada por una sola provincia, esta comunidad se enmarca entre el valle del Ebro y el Sistema Ibérico. Los municipios más habitados son los que se encuentran en la depresión del Ebro. La abundancia de agua de estos territorios propicia el cultivo de frutas y hortalizas. La Rioja es famosa en todo el mundo por sus excelentes vinos, elaborados a partir del zumo extraído de las siete variedades de uva con Denominación de Origen que se cultivan en la región.

La nocturna lechuza
La lechuza es una rapaz que caza por la noche, gracias a su extraordinaria vista y oído. Suele encaramarse a una rama para vigilar con atención y cuando ve algún animal en la oscuridad, se abalanza sobre él con sus patas extendidas.

Caballa

La caballa española mide, como máximo, 50 cm y tiene un brillante lomo azul verdoso con manchas negras.
Se pesca durante todo el año y aporta mucha energía a nuestra dieta.

CANTABRIA

Se sitúa al norte de España y está bañada por el mar Cantábrico, que dibuja en su costa bellas playas y acantilados. En el interior montañoso se encuentran los Picos de Europa, una de las formaciones más relevantes de nuestra geografía. La dureza de los inviernos de esta zona hace que solo los pasiegos –pastores cántabros– sean capaces de aislarse en las cabañas de la montaña para cuidar del ganado.

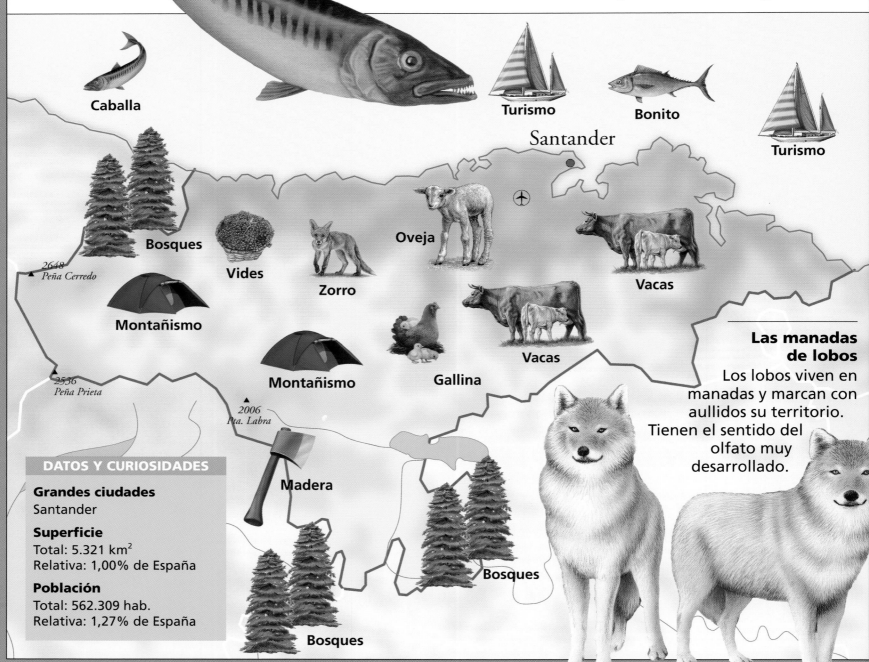

Caballa

Turismo

Bonito

Turismo

Santander

Bosques

Vides

Oveja

Vacas

2648
Peña Cerredo

Zorro

Montañismo

Vacas

Las manadas de lobos

Los lobos viven en manadas y marcan con aullidos su territorio. Tienen el sentido del olfato muy desarrollado.

2536
Peña Prieta

Montañismo

Gallina

2006
Pta. Labra

DATOS Y CURIOSIDADES

Grandes ciudades
Santander

Superficie
Total: 5.321 km²
Relativa: 1,00% de España

Población
Total: 562.309 hab.
Relativa: 1,27% de España

Madera

Bosques

Bosques

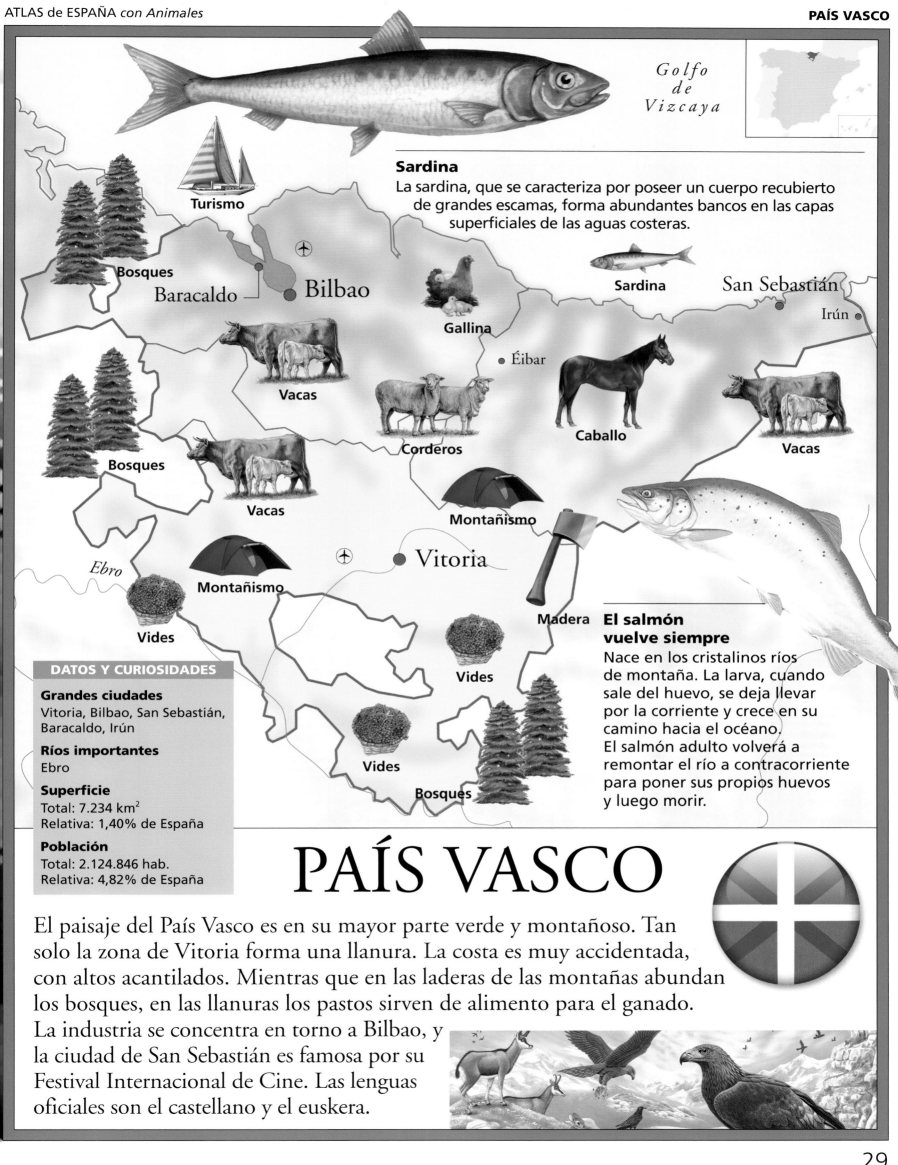

Golfo de Vizcaya

Turismo

Bosques

Baracaldo — Bilbao

Sardina
La sardina, que se caracteriza por poseer un cuerpo recubierto de grandes escamas, forma abundantes bancos en las capas superficiales de las aguas costeras.

Sardina

San Sebastián

Irún

Gallina

Éibar

Vacas

Corderos

Caballo

Vacas

Bosques

Vacas

Montañismo

Bosques

Ebro

Montañismo

Vitoria

Madera

Vides

El salmón vuelve siempre
Nace en los cristalinos ríos de montaña. La larva, cuando sale del huevo, se deja llevar por la corriente y crece en su camino hacia el océano. El salmón adulto volverá a remontar el río a contracorriente para poner sus propios huevos y luego morir.

Vides

DATOS Y CURIOSIDADES

Grandes ciudades
Vitoria, Bilbao, San Sebastián, Baracaldo, Irún

Ríos importantes
Ebro

Superficie
Total: 7.234 km^2
Relativa: 1,40% de España

Población
Total: 2.124.846 hab.
Relativa: 4,82% de España

Vides

Bosques

PAÍS VASCO

El paisaje del País Vasco es en su mayor parte verde y montañoso. Tan solo la zona de Vitoria forma una llanura. La costa es muy accidentada, con altos acantilados. Mientras que en las laderas de las montañas abundan los bosques, en las llanuras los pastos sirven de alimento para el ganado. La industria se concentra en torno a Bilbao, y la ciudad de San Sebastián es famosa por su Festival Internacional de Cine. Las lenguas oficiales son el castellano y el euskera.

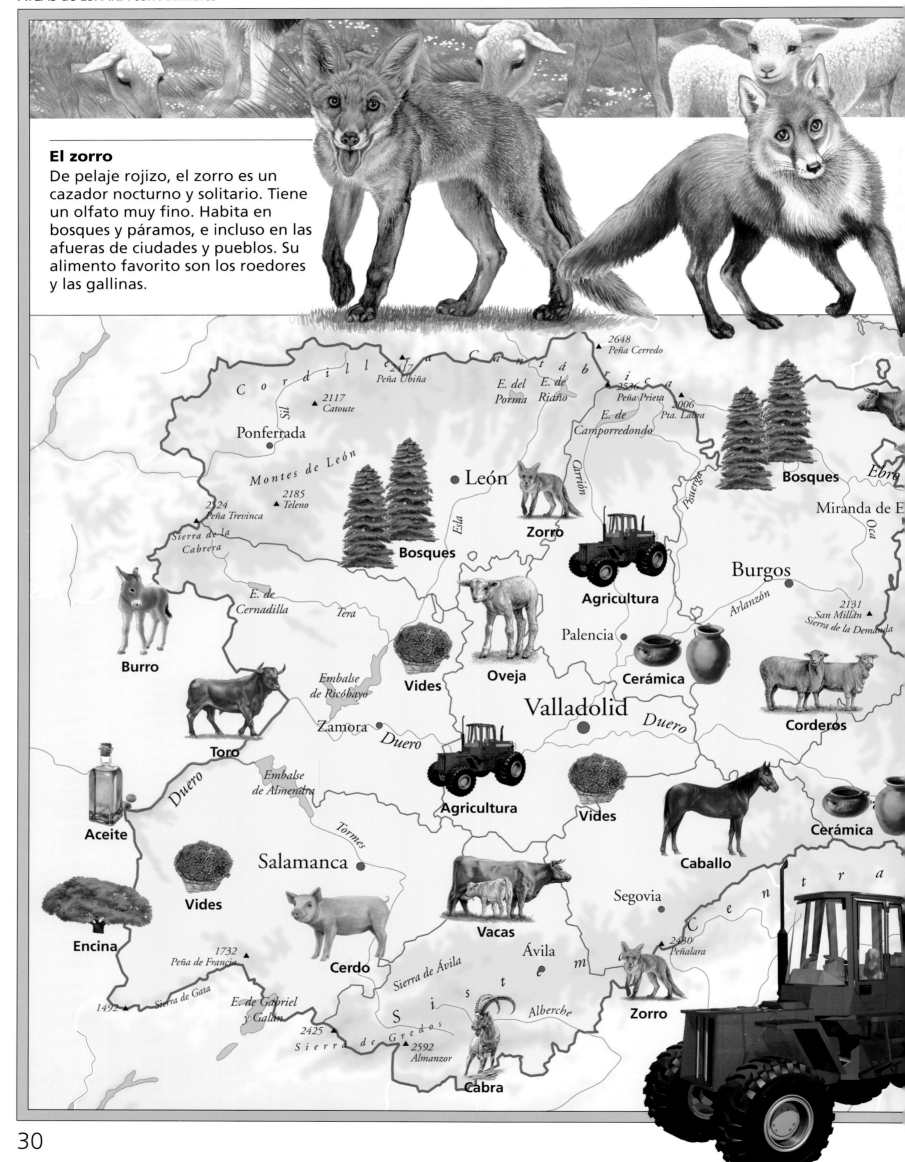

El zorro

De pelaje rojizo, el zorro es un cazador nocturno y solitario. Tiene un olfato muy fino. Habita en bosques y páramos, e incluso en las afueras de ciudades y pueblos. Su alimento favorito son los roedores y las gallinas.

2648
Peña Cerredo

2417
Peña Ubiña

E. del
Porma

E. de
Riaño

3536
Peña Prieta

2006
Pta. Labra

2117
Catoute

Sil

Ponferrada

E. de
Camporredondo

Carrión

Pisuerga

Ebro

Bosques

Montes de León

León

Zorro

Bosques

Miranda de E

2124
Peña Trevinca

2185
Teleno

Esla

Agricultura

Burgos

2131
San Millán
Sierra de la Demanda

Arlanzón

*Sierra de la
Cabrera*

E. de
Cernadilla

Tera

Palencia

Cerámica

Burro

Embalse
de Ricóbayo

Vides

Oveja

Valladolid

Duero

Corderos

Toro

Zamora

Duero

Agricultura

Vides

Cerámica

Embalse
de Almendra

Duero

Caballo

Aceite

Tormes

Salamanca

Segovia

C e n t r a l

Vides

Vacas

Ávila

2430
Peñalara

Encina

1732
Peña de Francia

Cerdo

Sierra de Ávila

S i s t

Zorro

1492

Sierra de Gata

E. de Gabriel
y Galán

Alberche

2425

S i e r r a   d e   G r e d o s

2592
Almanzor

Cabra

l burrito

Hace años era el animal de carga más utilizado en España, ya que necesitaba menos comida que un caballo y tenía más fuerza. En la actualidad es una especie protegida.

CASTILLA Y LEÓN

Es la comunidad de mayor superficie (ocupa casi un 20% del total de España), y todo su territorio se encuentra rodeado de montañas. A pesar de su gran tamaño, tiene una baja densidad de población, ya que sus inmensos campos son poco rentables para el cultivo y la población ha ido trasladándose paulatinamente a las ciudades. Aun así, en las extensas llanuras castellanas se sigue cultivando el cereal y la vid, gracias al agua que proporciona a esta comunidad el río Duero.

DATOS Y CURIOSIDADES

Grandes ciudades
Valladolid, León, Burgos, Salamanca, Palencia, Segovia, Soria, Ávila, Zamora

Ríos importantes
Duero, Tormes

Superficie
Total: 94.223 km^2
Relativa: 18,60% de España

Población
Total: 2.510.849 hab.
Relativa: 5,69% de España

Pimientos

La jineta

Es difícil de ver porque solo sale de noche y su piel manchada le sirve de camuflaje entre la maleza. Trepa a los árboles en busca de insectos, frutos y pájaros.

Atún
Su tamaño, de hasta 2 m de largo, no le impide alcanzar velocidades cercanas a los 70 km/h y recorrer grandes distancias. Su carne rosácea es muy apreciada.

Pesca

Turismo

Minería

Cabo de Peñas

Avilés

Gijón

Atún

Oviedo

Caballa

Navia

Vacas

Oso pardo

Oso pardo

Caballo

Lobo

Montañismo

Vacas

Nalón

Picos de Europa

2648
Peña Cerredo

C o r d i l l e r a   C a n t á b r i c a

2417
Peña Ubiña

DATOS Y CURIOSIDADES

Grandes ciudades
Oviedo, Gijón

Ríos importantes
Navia, Nalón

Superficie
Total: 10.604 km²
Relativa: 2,10% de España

Población
Total: 1.076.635 hab.
Relativa: 2,44% de España

ASTURIAS

El Principado de Asturias está situado al noroeste de España. El agua del mar, al evaporarse, forma nubes que chocan contra las cercanas montañas y descargan lluvia constantemente, por eso estas tierras son tan verdes. En los altos montes de la cordillera Cantábrica aún quedan ejemplares de oso pardo. El cultivo más característico de Asturias es el manzano, de cuya fruta se obtiene la sidra.

GALICIA

La costa gallega, dedicada a la pesca, está bañada por dos mares, el Cantábrico y el océano Atlántico, que dibujan con bravura sus acantilados y rías —entradas que forma el mar en la desembocadura de los ríos—. En el interior, las montañas, onduladas y de poca altura, forman extensos valles en los que se alimenta el ganado que más leche produce del país. Sus lenguas oficiales son el castellano y el gallego.

Vaca lechera y ternero
La vaca nos proporciona leche, y con ella se elaboran el queso y la mantequilla. El ternero es la cría de la vaca.

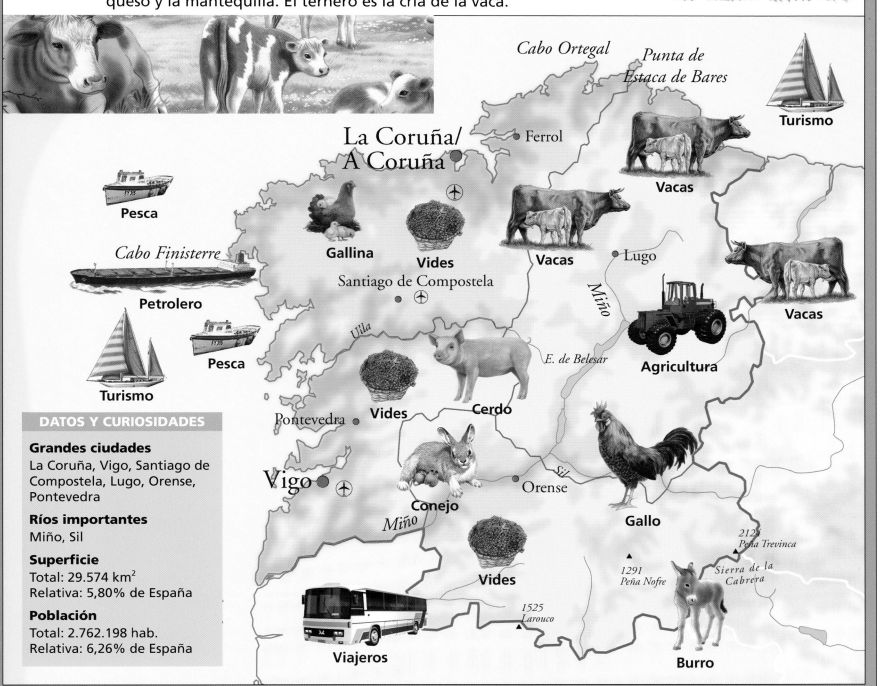

Cabo Ortegal

Punta de Estaca de Bares

Turismo

Ferrol

La Coruña/ A Coruña

Vacas

Pesca

Gallina

Vides

Santiago de Compostela

Vacas

Lugo

Miño

Vacas

Cabo Finisterre

Petrolero

Uila

E. de Belesar

Agricultura

Pesca

Vides

Cerdo

Turismo

Pontevedra

Conejo

Sil

Orense

Vigo

Miño

Gallo

2124 Peña Trevinca

Vides

1291 Peña Nofre

Sierra de la Cabrera

1525 Larouco

Viajeros

Burro

DATOS Y CURIOSIDADES

Grandes ciudades
La Coruña, Vigo, Santiago de Compostela, Lugo, Orense, Pontevedra

Ríos importantes
Miño, Sil

Superficie
Total: 29.574 km²
Relativa: 5,80% de España

Población
Total: 2.762.198 hab.
Relativa: 6,26% de España

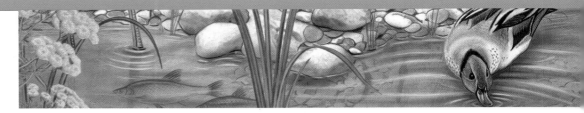

CANARIAS

Situadas frente a la costa noroeste de África y bañadas por el océano Atlántico, las Canarias forman un archipiélago de 7 islas y 6 islotes. La longitud de la costa canaria (1.583 km) es superior a la del resto de las comunidades de España. Estas islas paradisíacas, que gozan de una temperatura primaveral durante todo el año, cuentan con otro atractivo turístico: los volcanes, algunos de ellos aún activos. El volcán más visitado es el Teide. Situado en la isla de Tenerife, con sus 3.718 metros es el pico más alto de España.

DATOS Y CURIOSIDADES

Grandes ciudades
Santa Cruz de Tenerife,
Las Palmas de Gran Canaria

Superficie
Total: 7.447 km²
Relativa: 1,5% de España

Población
Total: 1.968.280 hab.
Relativa: 4,46% de España

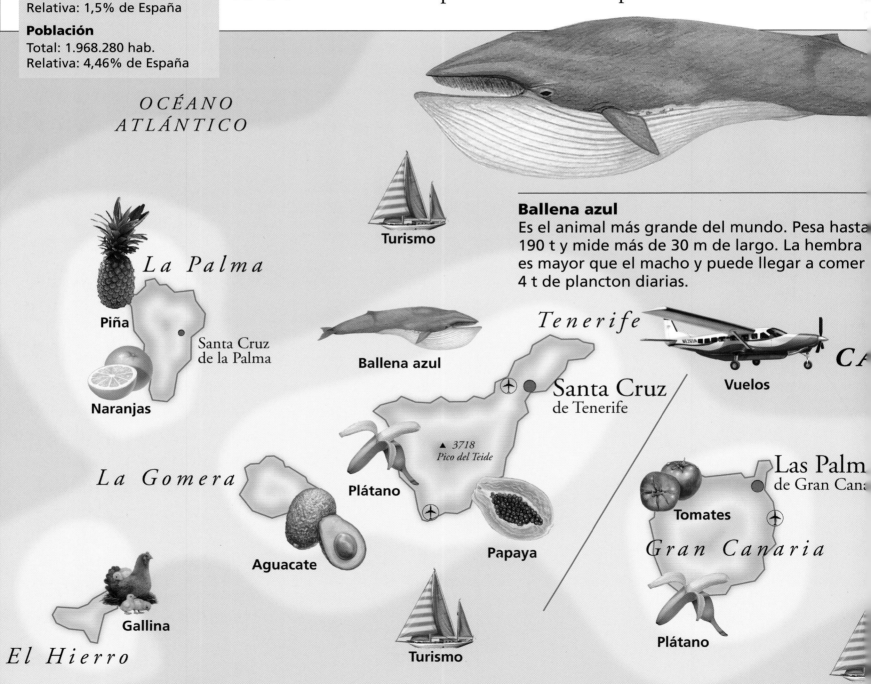

OCÉANO ATLÁNTICO

Turismo

Ballena azul
Es el animal más grande del mundo. Pesa hasta 190 t y mide más de 30 m de largo. La hembra es mayor que el macho y puede llegar a comer 4 t de plancton diarias.

La Palma

Piña

Santa Cruz de la Palma

Ballena azul

Tenerife

Naranjas

Vuelos

Santa Cruz de Tenerife

▲ 3718 *Pico del Teide*

La Gomera

Plátano

Las Palm de Gran Cana

Tomates

Papaya

Aguacate

Gran Canaria

Gallina

Turismo

Plátano

El Hierro

Tur

Tiburón

De aspecto agresivo, este pez cartilaginoso de cuerpo alargado, hocico puntiagudo y fino olfato, es un depredador ágil y voraz que se aprovecha incluso de las presas retenidas en las redes de pesca de los barcos. La carne de tiburón, blanca, sin espinas y baja en grasas, es muy apreciada en la cocina oriental.

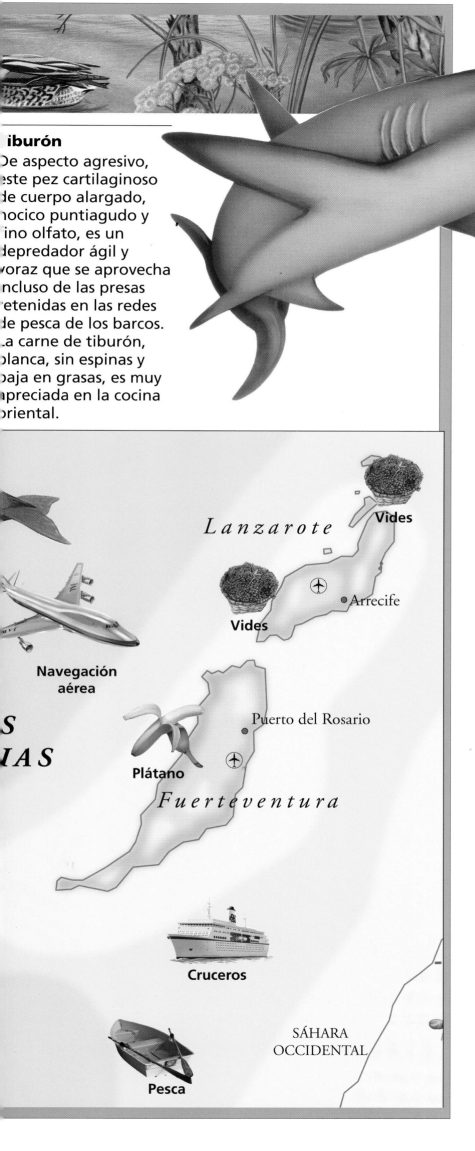

Lanzarote

Vides

Vides

Arrecife

Navegación aérea

Plátano

Puerto del Rosario

Fuerteventura

Cruceros

SÁHARA OCCIDENTAL

Pesca

Ceuta

La Ciudad Autónoma de Ceuta está situada en el norte de África. Separada de la Península tan solo por unos 15 km, se comunica con ella por mar a través del estrecho de Gibraltar. Su territorio comprende 18,5 km² y tiene más de 75.000 hab. Las viviendas están construidas en las laderas de montes y colinas, y el puerto pesquero es el corazón de una ciudad dedicada a las conservas de pescado.

Melilla

La Ciudad Autónoma de Melilla, que también se encuentra al norte de África, ha crecido mucho en los últimos años. Posee más de 65.000 hab., y su territorio, llano en la costa y ligeramente ondulado en el interior, comprende 12 km². Gracias a su puerto, que mira al Mediterráneo, los melillenses mantienen vivo el comercio de fabricación de muebles y telas, así como la industria de alimentos tales como harinas y dulces.

Monfragüe

DATOS Y CURIOSIDADES

Superficie
17.852 ha

Comunidad autónoma
Extremadura

Provincias
Cáceres

Todos los datos de estos recuadros proceden del Ministerio de Medio Ambiente (Red de Parques Nacionales).

Es el último de los parques naturales declarado parque nacional. Se encuentra al norte de la provincia de Cáceres, entre las ciudades de Cáceres, Plasencia y Trujillo. Este valle, formado por el Tajo y el Tiétar, es representante del monte y matorral mediterráneos. Es tambien el hogar de la mayor población de buitre negro que existe cn la actualidad en España. Además, anidan en la zona el águila imperial, la cigüeña negra, el buitre leonado y el águila real. El lince, el meloncillo y la nutria son los mamíferos más destacados. También abundan reptiles como la culebra bastarda y de escalera, así como el galápago leproso.

PARQUE NACIONAL DE MONFRAGÜE

Las gaviotas
Estas aves marina suelen permanece cerca de la costa

Islas Atlánticas

DATOS Y CURIOSIDADES

Superficie
8.480 ha (7.286 por mar y 1.195 por tierra)

Comunidad autónoma
Galicia

Provincias
La Coruña y Pontevedra

Situado en las rías bajas gallegas, este parque nacional está formado por un conjunto de islas rocosas e islotes que surgen del océano, en mar abierto, como por arte de magia. Son las islas de Ons, Cortegada (mayor bosque de laurel de Europa), Sálvora (en La Coruña) y las denominadas islas Cíes. El fondo de sus aguas, los acantilados y, ya en tierra, sus matorrales, dunas y playas hacen de estas islas territorios de gran belleza donde conviven en armonía gran número de especies. Destacan los grupos de delfines y las aves marinas que se alimentan de la enorme variedad de peces, moluscos y algas de la zona.

1 Archipiélago de Sálvora

2 Archipiélago de Cortegada

3 Archipiélago de Ons

4 Archipiélago de Cíes

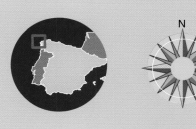

Rutas desde la península

Km
0   2   4

PARQUES NACIONALES

ASTURIAS

San Esteban

Covadonga

Sames

Amieva

Camarmeña

Tielve

Sotres

Bulnes

Río Urdón

Bejes

Río Dobra

Caín

Río Duje

Río Sella

Soto de Sajambre

Cordiñanes

Ribota

Los Llanos

Vierdes

Posada de Valdeón

Oseja de Sajambre

Soto de Valdeón

Fuente Dé

CANTABRIA

Pío

Caldevilla

Santa Marina

Espinama

Pto. Panderrueda

Cosgaya

Pto. Pantón

Pto. Pandetrave

Pto. San Glorio

Leyenda

— Carreteras
— Rutas
-·- Límite comunidades autónomas
— Ríos
○ Poblaciones

R Refugio
H Hotel
Puerto
Mirador

Camping
Teleférico
P Aparcamiento
Zona recreativa

i Información
Edificio religioso

N

Km
0   4   8

Picos de Europa

DATOS Y CURIOSIDADES

Superficie
64.660 ha

Comunidades autónomas
Cantabria, Castilla y León, Asturias

Provincias
Cantabria, León y Asturias

Es el primer territorio en España considerado Parque Nacional. Al estar tan cerca del mar, posee un clima húmedo. Las constantes lluvias caen en forma de nieve en los glaciares de las altas cumbres, dando lugar a los neveros –acumulaciones de nieve durante todo el año–. El paisaje intercala altas montañas, prados, lagos y los más bellos bosques atlánticos de España, donde crecen hayas, robles, castaños y nogales, y donde tienen su hogar jabalíes, corzos, lobos y osos. Entre las aves que habitan este parque se encuentran el urogallo (ave parecida a la gallina, actualmente en peligro de extinción) y grandes rapaces como el buitre leonado y el águila real, capaces de comer presas de gran tamaño.

El oso pardo

El oso pardo es un animal solitario y nómada. Vive en bosques, oculto en la densa vegetación, y se alimenta de hierbas, bayas y pequeños mamíferos. Actualmente, en España ya solo quedan unos pocos ejemplares en la cordillera Cantábrica y en los Pirineos.

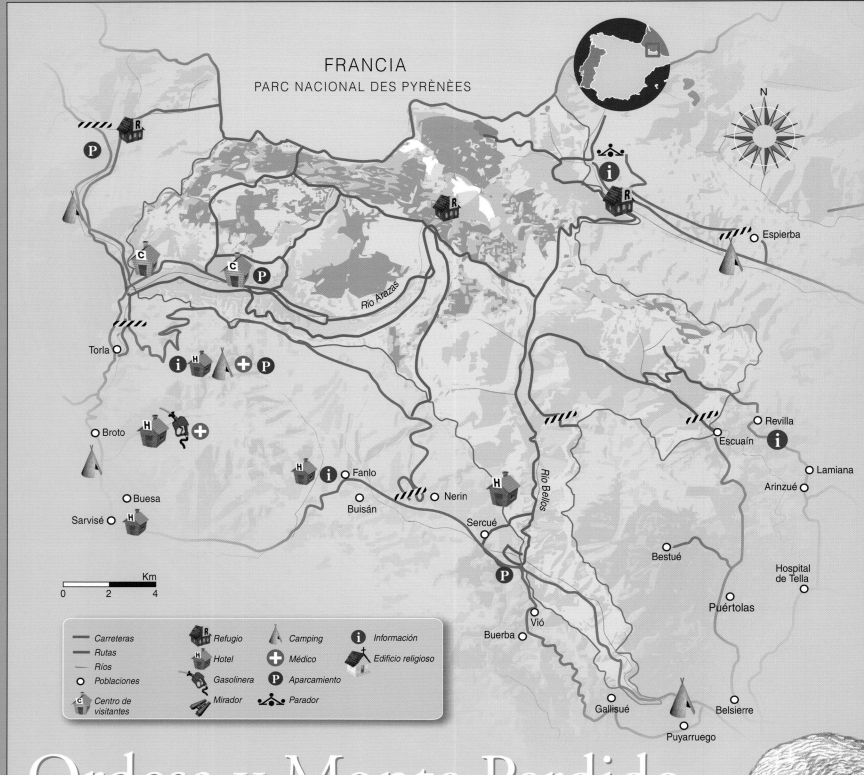

FRANCIA
PARC NACIONAL DES PYRÈNÈES

Río Arazas

Espierba

Torla

Broto

Buesa

Sarvisé

Fanlo

Buisán

Nerin

Sercué

Río Bellos

Revilla

Escuaín

Lamiana

Arinzué

Bestué

Hospital de Tella

Puértolas

Vió

Buerba

Gallisué

Belsierre

Puyarruego

Km
0   2   4

Leyenda

- Carreteras
- Rutas
- Ríos
- Poblaciones
- **C** Centro de visitantes
- **R** Refugio
- **H** Hotel
- Gasolinera
- Mirador
- Camping
- **+** Médico
- **P** Aparcamiento
- Parador
- **i** Información
- Edificio religioso

Ordesa y Monte Perdido

DATOS Y CURIOSIDADES

Superficie
15.608 ha

Comunidad autónoma
Aragón

Provincia
Huesca

Hace millones de años este parque pirenaico no era más que una montaña rocosa muy joven. Fue el poderoso empuje del fondo de los mares el que provocó que sus rocas blandas se deformaran y las duras se rompieran. Era como una gran herida abierta en el corazón de la tierra, y así permanece este impresionante paraje, que cobija al rebeco en sus altas zonas áridas y a las ardillas, ginetas y zorros en sus bosques. Los valles se humedecen con las aguas del deshielo y éstas forman cuevas subterráneas, cascadas, barrancos y fríos ríos donde nada la trucha.

Aigües Tortes i Estany de Sant Maurici

DATOS Y CURIOSIDADES

Superficie
14.119 ha

Comunidad autónoma
Cataluña

Provincia
Lérida

El protagonista indiscutible de este parque es el agua. En él encontramos más de 200 lagos, torrentes y cascadas, con extensos ríos de cristalinas aguas donde las nutrias conviven con sapos, tritones, ranas y truchas. Desde sus altas montañas nevadas, donde los ríos dibujan caminos –meandros– a su paso, nos observa el quebrantahuesos, una especie de rapaz en peligro de extinción que vive en las grietas de la montaña. Este parque nacional está cubierto de bosques de pino, abeto, abedul y haya, y en sus prados crecen hermosísimas flores (lírios, orquídeas...).

Sapo
A pesar de lo abrupto de su medio, el sapo se desplaza hábilmente y es capaz de trepar por la piedra con gran facilidad. Suele descansar durante el día cerca del agua, escondido en el interior de grietas y pequeños resquicios existentes en las rocas. Al anochecer, sale de su refugio en busca de alimento.

Ternasco de Aragón
Es un animal exclusivo de esta zona de España, ya que es capaz de aguantar las bajas temperaturas de las montañas. Se trata de un cordero joven, cuya carne, de color rosa, es muy tierna y suave.

Mapa con ubicaciones: Coll d'Oelhacrestada, Port de Caldes, Port de Ratera, Port de Colomèrs, Collet de Contraix, Port d'Espot, Riu Escrita, Ribera de Sant Nicolau, Collada de Dellui, Coll de Monesteró, Coll de Fonguera, Coll de Peguera, Coll de Saburo, Erill la Vall, Boí, Taüll

Km
0 2 4

Leyenda:
— Carreteras
— Rutas
— Ríos
○ Poblaciones
◉ Oficina Parque
R Refugio
▲ Puerto
i Información
P Aparcamiento

Tablas de Daimiel

Superficie
1.928 ha

Comunidad autónoma
Castilla-La Mancha

Provincia
Ciudad Real

Es el parque nacional más pequeño de España. Al encontrarse en un terreno llano, sin desniveles, los desbordamientos de los ríos Guadiana y Cigüela, que lo atraviesan, forman grandes charcos de agua, conocidos con el nombre de «tablas». Estas aguas tan quietas son ideales para que las aves acuáticas descansen en el transcurso de sus largos viajes y, sobre todo, pongan sus nidos. Así lo hacen garzas, garcillas, somormujos, martinetes y patos. En las aguas de las Tablas de Daimiel se encuentran, además, numerosas flores acuáticas. Las hay sumergidas (como las jopozorras), flotantes (como las lentejas de agua) y emergentes (como el junco). Pero un grave peligro amenaza a esta gran biodiversidad: la sequía. La falta de lluvia y el agua que se emplea en el riego de los cultivos afecta seriamente al volumen de las charcas.

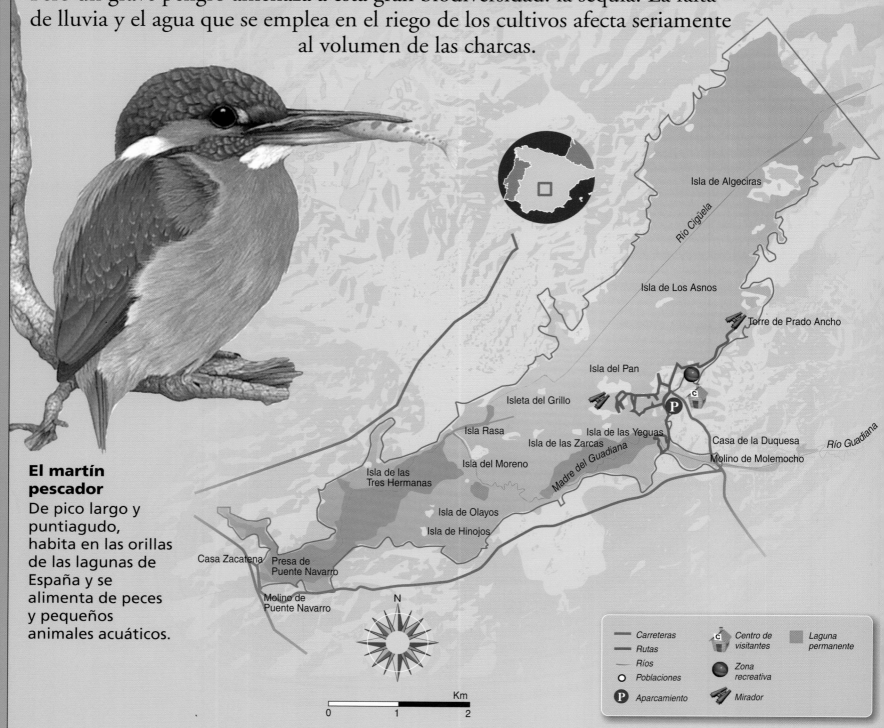

El martín pescador
De pico largo y puntiagudo, habita en las orillas de las lagunas de España y se alimenta de peces y pequeños animales acuáticos.

Isla de Algeciras

Río Cigüela

Isla de Los Asnos

Torre de Prado Ancho

Isla del Pan

Isleta del Grillo

Isla Rasa

Isla de las Yeguas

Isla de las Zarcas

Casa de la Duquesa

Río Guadiana

Molino de Molemocho

Isla del Moreno

Madre del Guadiana

Isla de las Tres Hermanas

Isla de Olayos

Isla de Hinojos

Casa Zacatena

Presa de Puente Navarro

Molino de Puente Navarro

N

Km
0   1   2

— Carreteras		Centro de visitantes	Laguna permanente
— Rutas			
— Ríos		Zona recreativa	
O Poblaciones			
P Aparcamiento		Mirador	

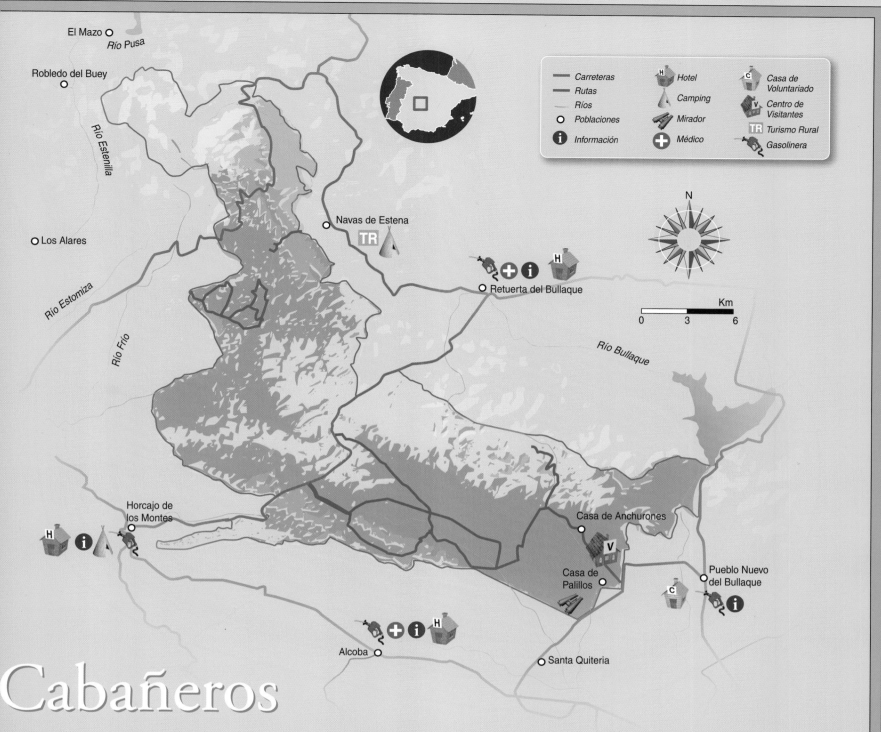

El Mazo

Río Pusa

Robledo del Buey

Río Estenilla

Los Alares

Río Estomiza

Río Frío

Navas de Estena
TR

Retuerta del Bullaque

Río Bullaque

N

Km
0   3   6

— Carreteras	H Hotel
— Rutas	⛺ Camping
— Ríos	Mirador
○ Poblaciones	✚ Médico
ⓘ Información	

Casa de Voluntariado

Centro de Visitantes

TR Turismo Rural

Gasolinera

Horcajo de los Montes

H ⓘ

Casa de Anchurones

V

Casa de Palillos

Pueblo Nuevo del Bullaque

C

ⓘ

✚ ⓘ H

Alcoba

Santa Quiteria

Cabañeros

Superficie
39.000 ha

Comunidad autónoma
Castilla-La Mancha

Provincias
Ciudad Real y Toledo

Es uno de los espacios protegidos más valioso de los Montes de Toledo. En Cabañeros se distinguen dos zonas: la llanura, donde se extienden grandes pastos llamados «rañas» que alimentan a un gran número de animales; y los montes, habitados por cigüeñas negras, buitres, aguiluchos y águilas reales. Este parque nacional da cobijo a alrededor de 45 especies de grandes mamíferos, como el ciervo, el jabalí y el corzo, que pasean tranquilamente entre las encinas y los alcornoques que pueblan sus bosques. Además, doscientas especies de aves sobrevuelan la zona de matorrales de jara y brezo.

Gamos
Son fácilmente reconocibles por las manchas blancas que adornan su pelaje marrón, y por sus grandes cuernos aterciopelados, que les nacen en primavera y se les caen en invierno.

Carreteras
Rutas
Límite comunidades autónomas
Ríos
Poblaciones

Refugio
Jardín botánico
Puerto
Centro de visitantes

Camping
Información
Aula de naturaleza
Barrera

Pista de esquí

GRANADA

Guadix

Lugros
Cogollos de Guadix

Quéntar
Dúdar
Jeres del Marquesado
Alquife
Huéneja
Finana
Escúllar

Guéjar Sierra
Lanteira
Dólar
Río Nacimiento
Doña María

Canales
Aldeire
Abrucena
Abla

Monachil
Nacimiento

Pradollano

Dílar
Bayárcal
Ohanes
Alboloduy
Santa Cruz

Nigüelas
Trévelez
Nechite
Laroles
Paterna del Río
Beires

Capileira
Bérchules
Yegen

Cañar
Pórtugos
Juviles
Cádiar

Busquistar
Río Chico

Órgiva

N

Km
0   6   12

Sierra Nevada

DATOS Y CURIOSIDADES

Superficie
86.208 ha

Comunidad autónoma
Andalucía

Provincias
Granada y Almería

En este parque hallamos las montañas más altas de la península Ibérica, con picos como el Mulhacén y el Veleta, que superan los 3.000 m de altura. Este paisaje escarpado es perfecto para la cabra montés, considerada la reina de la serranía, y también para el buitre leonado y el águila real. El colorido característico del parque viene dado por el verdor de los espesos bosques de laureles, pinos y helechos y por las flores naturales del narciso, la manzanilla y el cardo. Sus laderas nevadas son ideales para practicar el deporte del esquí, y el agua que proviene del deshielo de este paraje serrano es, por su contenido en minerales, una bebida muy beneficiosa para la salud.

Cabra montés
En verano, sus cortas pero fuertes patas le permiten subir montañas de más de 3.000 m en busca de prados donde comer hojas y frutos. Al llegar el otoño, desciende huyendo del frío y de la escasez de alimentos.
Forma rebaños y las hembras solo paren una cría en cada parto.

Doñana

DATOS Y CURIOSIDADES

Superficie
54.252 ha

Comunidad autónoma
Andalucía

Provincias
Huelva y Sevilla

El Parque Nacional de Doñana es un gran mosaico de ecosistemas (playa, dunas, cotos, marisma…), y contiene una biodiversidad única en el mundo. Destaca sobre todo la marisma, de gran importancia como lugar de paso, cría e invernada para miles de aves europeas y africanas. En Doñana viven, además, especies en serio peligro de extinción, como el águila imperial ibérica y el lince ibérico. Por todo ello, este paraje andaluz fue declarado en 1994 Patrimonio de la Humanidad.

Carreteras	Centro de visitantes	Camping	Observatorio
Rutas		Información	Médico
Límite comunidades autónomas	Aula de naturaleza	Aparcamiento	Senderismo
Ríos		Gasolinera	
Poblaciones	Zona inundada		

Archipiélago de Cabrera

DATOS Y CURIOSIDADES

Superficie
10.021 ha (8.703 en el mar y 1.318 en la tierra)

Comunidad autónoma
Islas Baleares

Provincia
Islas Baleares

El Archipiélago de Cabrera constituye el mejor exponente de ecosistemas insulares no alterados del Mediterráneo español. Está formado por islas e islotes de formas irregulares, donde hacen sus nidos los halcones y descansan de sus viajes las gaviotas. Es habitual la presencia de delfines, y las grandes praderas de algas (posidonia) ofrecen refugio y alimento a muchas especies de peces más.

Carreteras	Fondeo	Zona recreativa	
Rutas	Fondeo prohibido	Fondeo autorizado	
Poblaciones	Buceo	Buceo	
Faro	Mirador	Reserva marina: navegación y fondeo prohibidos	
Información			

Teide

DATOS Y CURIOSIDADES

Superficie
18.990 ha

Comunidad autónoma
Canarias

Isla
Tenerife

El Teide, volcán situado en el centro de la isla de Tenerife, da nombre a este parque. La belleza del paisaje reside en las caprichosas formas dejadas por la lava y en los colores de las flores que crecen en este singular terreno. Reptiles como el lagarto tizón, aves como el gavilán y mamíferos como el murciélago conviven con cerca de 700 especies de insectos, algunos de ellos únicos en el mundo.

Carreteras	Refugio	Mirador
Rutas	Oficina parque	Centro de visitantes
Poblaciones		
Información	Primeros auxilios	Teleférico
Parador		

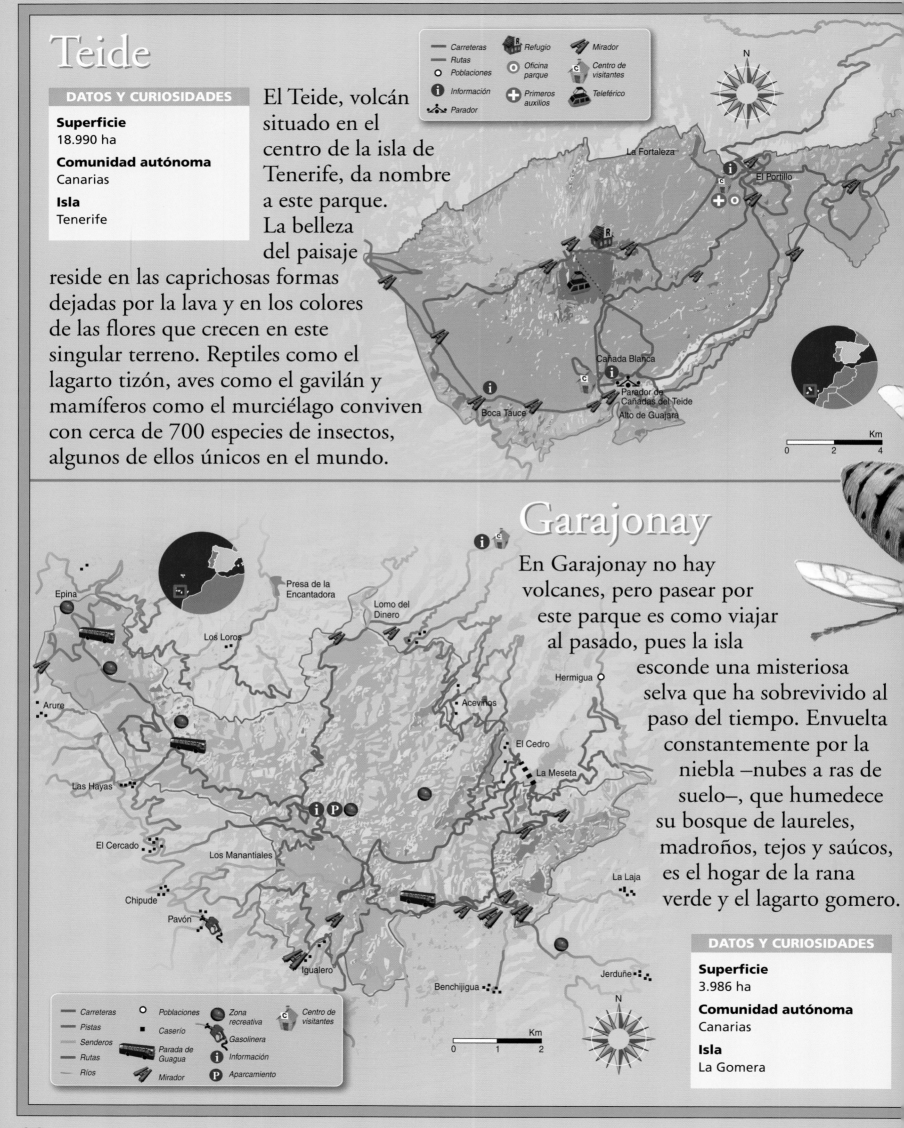

Garajonay

En Garajonay no hay volcanes, pero pasear por este parque es como viajar al pasado, pues la isla esconde una misteriosa selva que ha sobrevivido al paso del tiempo. Envuelta constantemente por la niebla —nubes a ras de suelo—, que humedece su bosque de laureles, madroños, tejos y saúcos, es el hogar de la rana verde y el lagarto gomero.

DATOS Y CURIOSIDADES

Superficie
3.986 ha

Comunidad autónoma
Canarias

Isla
La Gomera

Carreteras	Poblaciones	Zona recreativa	Centro de visitantes
Pistas	Caserío	Gasolinera	
Senderos	Parada de Guagua		
Rutas		Información	
Ríos	Mirador	Aparcamiento	

Caldera de Taburiente

Lo más característico de este parque es el circo de 8 km de diámetro en forma de caldera situado en el centro de la isla. Rodeado de montañas, el inmenso cráter ha ido formándose a lo largo de los siglos gracias a la acción erosiva del agua. Una amplia red de arroyos, riachuelos, torrentes y cascadas recorren la isla, que cuenta con una espesa vegetación, entre la que cabe resaltar el pino canario, muy resistente al fuego. En la fauna de la zona destacan artrópodos como la araña lobo y la temida escolopendra.

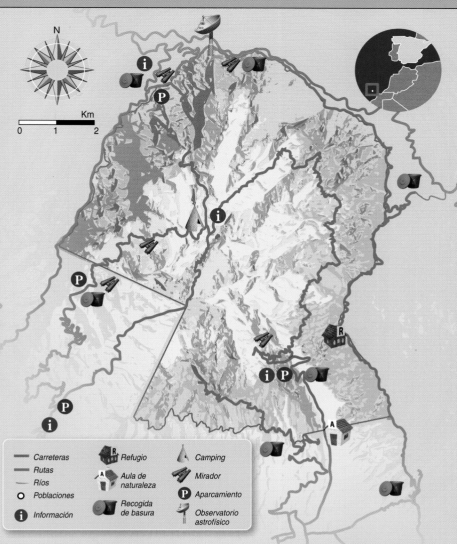

Carreteras		R Refugio		Camping
Rutas		A Aula de naturaleza		Mirador
Ríos				
O Poblaciones		Recogida de basura		P Aparcamiento
i Información				Observatorio astrofísico

Playa de la Madera

Timanfaya

Este parque fue creado para proteger el desolador pero atractivo paisaje que quedó tras las erupciones volcánicas acaecidas entre 1730 y 1736 en la isla de Lanzarote. Los tonos grises y negros de la arena contrastan con el azul del mar y el verde de los líquenes y musgos que se abren paso en una tierra que, aunque no lo parezca, está viva.

Playa del Cochino

Echadero de los Camellos

El Golfo

Carreteras		Médico	M Museo
Rutas en guagua		H Hotel	P Aparcamiento
Rutas a pie		Gasolinera	i Información
Ríos			c Centro de visitantes
O Poblaciones		Mirador	

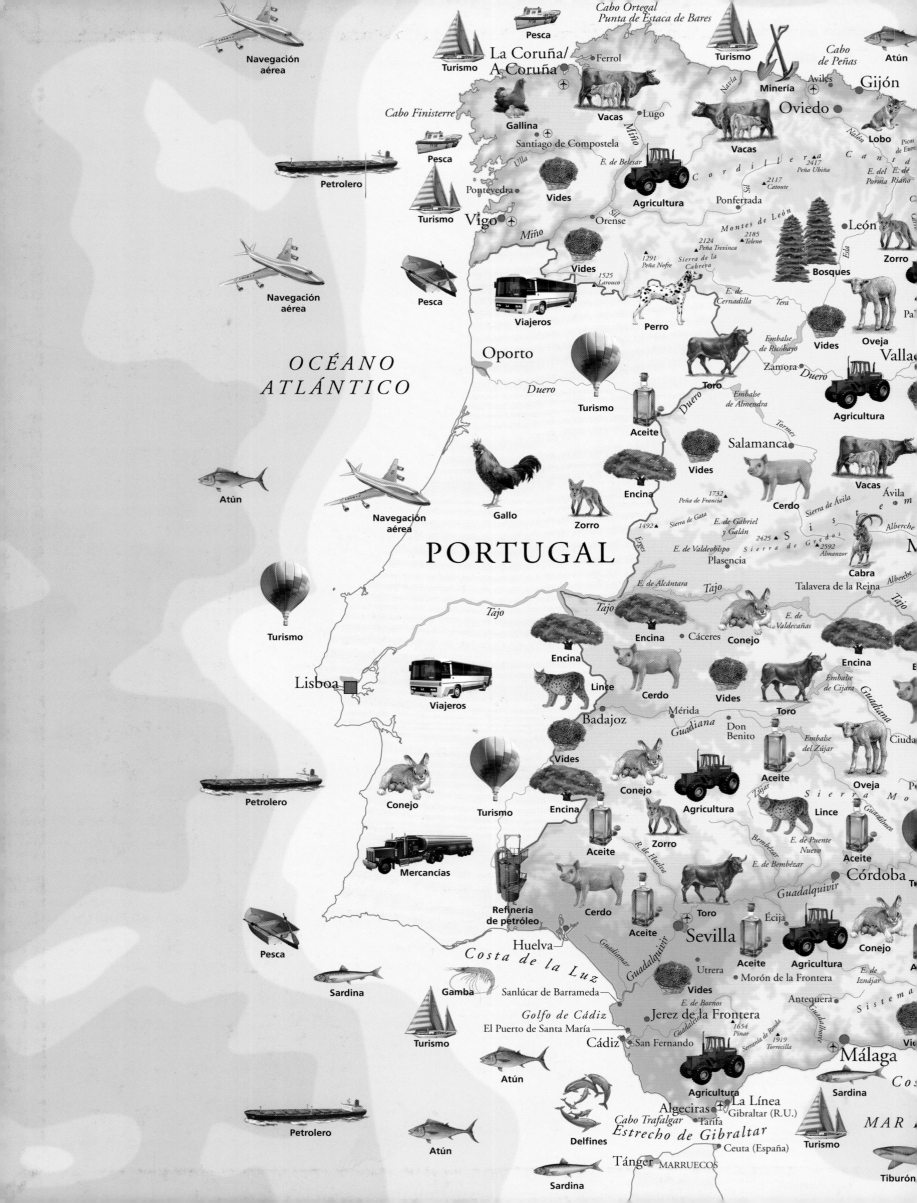

Navegación aérea

Pesca

Turismo

La Coruña/ A Coruña

Ferrol

Turismo

Cabo Ortegal
Punta de Estaca de Bares

Cabo de Peñas

Atún

Minería

Avilés

Gijón

Cabo Finisterre

Gallina

Vacas

Lugo

Oviedo

Vacas

Lobo

Petrolero

Pesca

Santiago de Compostela

Miño

Ulla

E. de Belesar

Agricultura

Ponferrada

Cordillera
2417
Peña Ubiña

2117
Catoute

Peña Uña
E. de
Porma Riaño

Navegación aérea

Pontevedra

Vides

Orense

Sil

Montes de León

2124
Peña Trevinca

2185
Teleno

León

Zorro

Pesca

Turismo Vigo

Miño

Vides

1291
Peña Nofre

1525
Larouco

Sierra de la
Cabrera

E. de
Cernadilla

Tera

Embalse
de Ricóbayo

Bosques

Vides

Oveja

OCÉANO
ATLÁNTICO

Pesca

Viajeros

Perro

Duero

Embalse
de Almendra

Zamora

Duero

Vallad

Oporto

Turismo

Duero

Toro

Tormes

Agricultura

Aceite

Vides

Salamanca

Vacas

Atún

Gallo

Encina

Peña de Francia
1732

Cerdo

Sierra de Ávila

Ávila

Navegación aérea

Zorro

1492
Sierra de Gata

E. de Gabriel
y Galán

2425
Almanzor
2592

Alberche

PORTUGAL

E. de Valdeobispo

Sierra de Gredos

Cabra

Plasencia

E. de Alcántara

Tajo

Talavera de la Reina

Tajo

Turismo

Tajo

Tajo

Encina

Cáceres

Conejo

E. de
Valdecañas

Encina

Lisboa

Viajeros

Encina

Lince

Cerdo

Vides

Toro

Embalse
de Cijara

Encina

Guadiana

Badajoz

Mérida

Don
Benito

Guadiana

Embalse
del Zújar

Ciuda

Conejo

Vides

Conejo

Aceite

Oveja

Turismo

Encina

Agricultura

Zújar

Sierra

Lince

Guadalmez

Petrolero

Conejo

Aceite

Zorro

Bembézar

E. de Puente
Nuevo

Aceite

Córdoba

Mercancías

R. de Huelva

E. de Bembézar

Guadalquivir

Refinería
de petróleo

Cerdo

Aceite

Toro

Écija

Agricultura

Conejo

Pesca

Huelva

Costa de la Luz

Guadiamar

Guadalquivir

Aceite

Sevilla

Aceite

Sardina

Gamba

Sanlúcar de Barrameda

Utrera

Morón de la Frontera

E. de
Iznájar

Vides

Turismo

Golfo de Cádiz

El Puerto de Santa María

E. de Bornos

Jerez de la Frontera

1654
Pinar

Antequera

Sistema

Cádiz

San Fernando

Guadalete

Serranía de Ronda

1919
Torrecilla

Atún

Agricultura

La Línea

Vic

Málaga

Algeciras

Gibraltar (R.U.)

Sardina

Cabo Trafalgar

Tarifa

Estrecho de Gibraltar

Ceuta (España)

MAR

Delfines

Turismo

Petrolero

Tánger MARRUECOS

Atún

Tiburón

Sardina